Bibliografische Information der Deutschen Nationalbibliothek

Die Deutsche Nationalbibliothek verzeichnet diese Publikation in der Deutschen Nationalbibliografie; detaillierte bibliografische Daten sind im Internet über http://dnb.d-nb.de abrufbar.

blv BLV Buchverlag GmbH & Co. KG
80636 München

Deutschsprachige Ausgabe

Titel der Originalausgabe »Laga glutenfritt«
© Susanne Hovenäs und Nilla Gunnarsson
Bokförlaget Semic, Sundbyberg 2016

Umschlagkonzeption und -gestaltung: BLV-Verlag
Umschlagfotos: Eva Hildén Smith

Lektorat dt. Ausgabe: Stella Rahn
Übersetzung: Inga Nevermann-Ballandis
Herstellung dt. Ausgabe: Hermann Maxant

Gedruckt auf chlorfrei gebleichtem Papier

Printed in Litauen
ISBN 978-3-1694-1710-6

Hinweis
Das vorliegende Buch wurde sorgfältig erarbeitet. Dennoch erfolgen alle Angaben ohne Gewähr. Weder Autorinnen noch Verlag können für eventuelle Nachteile oder Schäden, die aus den im Buch vorgestellten Informationen resultieren, eine Haftung übernehmen.

www.facebook.com/blvVerlag

SUSANNE HOVENÄS · NILLA GUNNARSSON

GLUTEN FREI KOCHEN

FOTOS: EVA HILDÉN SMITH

PASTA, PIZZA & VIELE KLASSIKER

blv

NILLA UND SUSANNE

VORWORT

Stellen Sie sich vor, Ihre Freunde und Bekannten kämen zum Essen und *alle* könnten ohne Verzicht und Kompromisse genießen, was Sie in der Küche gezaubert haben. In diesem Buch wollen wir unsere besten glutenfreien Rezepte für Speisen und Geschmackserlebnisse aus aller Herren Länder mit Ihnen teilen. Wie wäre es mit appetitlichen Pasta- und Nudelgerichten, nahrhaften Pies, rustikalen Pizzen oder knusprigen Empanadas? Mit köstlichen Burgern in selbst gebackenen Brötchen, asiatischen Dumplings, indischen Pakoras oder einer mexikanischen Taco-Party? Dem weltbesten Apfelkuchen und leckeren Desserts mit cremiger Schokolade? Gleichgültig, ob Sie alles essen, vegetarisch oder vegan leben, hier finden Sie Rezepte, von denen Sie sich inspirieren lassen können, während Sie gleichzeitig die vielen alternativen Zutaten kennenlernen, die uns zur Verfügung stehen.

Wir haben die Zutaten sorgfältig ausgewählt. Uns ist wichtig, dass alles, was wir zu uns nehmen, hinsichtlich Geschmack und Nährwert gleichermaßen ausgewogen ist. Fertige Mehlmischungen finden in unseren Rezepten keine Verwendung. Stattdessen haben wir durch eigene Experimente die besten Kombinationen verschiedener Mehle selbst ermittelt. Selbstverständlich verwenden wir vorzugsweise Ingredienzen aus ökologischem Anbau und frische Kräuter aus der Gemüsetheke.

In manchen Fällen, namentlich beim Backen, ist präzises Abwiegen für ein gutes Resultat besonders wichtig: Von Zutaten mit hohem Quellvermögen hängt die Konsistenz des fertigen Produkts ab, und zwar umso mehr, je größer die erforderliche Menge. Eine Küchenwaage mit Tara- bzw. Zuwiegefunktion ist hier sehr hilfreich.

Wir hoffen, Sie finden – wie wir! – viele neue Lieblingsgerichte, während Sie sich durch dieses Buch kochen!

Gutes Gelingen!

Nilla & Susanne

DIE VERFASSERINNEN

Susanne Hovenäs ist Gesundheitsjournalistin und ausgebildete Ernährungsberaterin. Ihr besonderes Interesse für glutenfreie Kost entstand, als sie selbst feststellte, wie wohl sich ihr Magen ohne Weizenmehl fühlt. Sie ist Co-Autorin der Bücher *Moderna Matsäckar för den aktiva familjen* [dt. Moderne Lunchbox-Rezepte für die aktive Familie] (2010) und *The new art of living green* (2014).

Nilla Gunnarsson ist Ernährungsberaterin, bietet Caterings an und führt einen Gesundheitsblog. Zuvor hat sie als Köchin und Küchenchefin gearbeitet. Sie lebt seit einigen Jahren glutenfrei, erkannte früh den Bedarf an Rezepten für leckere und gesunde glutenfreie Gerichte und schreibt darüber in ihrem Blog »Nilla's Kitchen«.

Gemeinsam haben sie bereits den Erfolgstitel *Baka glutenfritt* [dt. Glutenfrei backen] herausgebracht, die wundervollen Fotografien hat Eva Hildén Smith beigesteuert.

WARUM GLUTENFREI ESSEN?

Der Begriff Gluten bezeichnet bestimmte Proteine, die in Weizen, Roggen und Gerste, aber auch in Dinkel, Emmer, Kamut und Triticale enthalten sind. Große Mengen Gluten können im Darm unter Umständen schwer verdaulich sein, und so erleben durchaus nicht nur Allergiker, wie gut ein Glutenverzicht der Darmschleimhaut bekommt: Die Nährstoffe aus dem Essen werden leichter absorbiert, und dies ist möglicherweise der Grund dafür, dass man sich ohne Gluten frischer und gesünder fühlt, oder auch – eine weitere bekannte Folge des Glutenverzichts – weniger aufgedunsen und aufgebläht. Der Gesundheitsgewinn glutenfreier Ernährung ist also umfassend, und Sie können sich außerdem über einen besseren Schlaf, schönere Haut und mehr Energie freuen.

Von Natur aus glutenfreie Mehle sind häufig sehr nährstoffreich und es ist unserer Gesundheit nur zuträglich, wenn wir unsere herkömmliche Kost um alles bereichern, was unser Körper braucht. Warum sich auf Weizen und Roggen beschränken, wenn uns doch so viele andere nahrhafte Mehle zum Backen zur Verfügung stehen?

Glutenfreie Alternativen zu den geläufigen Ausgangsprodukten zu finden, ob im Laden um die Ecke oder im Internet, ist heute ganz leicht. Und Kochen ohne Gluten ist auch nicht besonders schwierig. Es geht dabei im Wesentlichen um Gewohnheiten und natürlich um die Beschäftigung mit neuen Mehlsorten, denn beim glutenfreien Backen und Kochen werden verschiedene Mehlsorten miteinander kombiniert – um die beste Konsistenz, den besten Geschmack und den besten Nährstoffgehalt zu erreichen.

TIPP! Nicht anders als bei Weizen, Roggen und Gerste kann auch der Nährwert von glutenfreien Mehlen schwanken. Entscheiden Sie sich zum Kauf glutenfreier Fertigprodukte, kann daher ein Blick auf die Inhaltsstoffe sinnvoll sein.

ZÖLIAKIE, also Glutenunverträglichkeit, ist eine Krankheit, bei der der Darm aufgrund der Unverdaulichkeit von Gluten geschädigt wird. Sie ist chronisch und lässt sich nicht heilen, der konsequente Verzicht auf Gluten ermöglicht aber in den meisten Fällen ein beschwerdefreies Leben. Mit 2–3 Prozent hat Schweden den höchsten Anteil glutenintoleranter Einwohner weltweit [Anm. d. Übers.: Für Deutschland liegt die Prävalenz bei ca. 0,2–0,3 Prozent.]. Zöliakiepatienten dürfen nur Produkte verwenden, die zu 100 % glutenfrei sind, was zum Beispiel die Kennzeichnung mit dem Glutenfrei-Siegel garantiert. Entscheidet man sich aus anderen gesundheitlichen Gründen für eine glutenfreie Ernährung, macht es gewöhnlich nichts aus, wenn man Gluten in Spuren oder kleinen Mengen zu sich nimmt.

BEACHTEN SIE, DASS ...

... sich Backöfen hinsichtlich der Temperatur sehr unterscheiden können. Achten Sie daher genau auf die Zeit, wenn Sie backen oder glutenfreie Speisen im Backofen garen.

... Sie bei einer Glutenintoleranz die üblichsten Getreidesorten ganz und gar vermeiden müssen, also Weizen, Roggen und Gerste, aber auch Hafer – es sei denn, es handelt sich um »sauberen Hafer«, der nicht durch andere glutenhaltige Getreide kontaminiert wurde. Sie finden ihn im Bio- oder Naturkostladen neben anderen glutenfreien Produkten, gekennzeichnet durch das Glutenfrei-Siegel.

... aus glutenfreiem Mehl gebackenes Brot nicht aufgeschnitten werden sollte, bevor es abgekühlt ist. Glutenfreies Brot muss gewöhnlich eine Weile ruhen, um sich setzen zu können. Der Backvorgang setzt sich fort, bis das Brot ganz abgekühlt ist.

... trockene Ingredienzen grundsätzlich separat abgemessen, gemischt und eingeweicht werden müssen, sofern nicht anders angegeben.

... Sie den Rezepten genau folgen und die angegebenen Zutaten verwenden müssen. Tauschen Sie keine Ingredienzen aus, wenn die Möglichkeit nicht im Rezept notiert ist. Erst wenn Sie mit den verschiedenen glutenfreien Zutaten wirklich vertraut sind, können Sie mit eigenen Experimenten beginnen.

... nahezu jedes Rezept eine bestimmte Zutat enthält, die anstelle des Glutens für eine gute Teigkonsistenz sorgt, zum Beispiel gemahlene Flohsamenschalen oder Xanthan. Es ist entscheidend, dass das richtige Verdickungsmittel in der richtigen Menge verwendet wird.

... Sie Ihre Zuwiegewaage richtig einsetzen: Das Gefäß auf die Waage stellen, Waage auf null zurücksetzen, jeweils nur eine Zutat in das Gefäß geben und abwiegen, die Waage anschließend wieder nullen, erst dann die nächste Zutat hinzufügen. Beim Kochen ist die genaue Messung nicht ganz so kritisch wie beim Backen.

WICHTIG!

Man ahnt es oft nicht, doch viele Lebensmittel, vor allem alle teil- und verzehrfertigen Produkte, enthalten Gluten. Wollen Sie sichergehen, was Sie zu sich nehmen? Werfen Sie besser noch einen zweiten Blick auf das Etikett und die Inhaltsstoffe.

EINIGE FERTIGPRODUKTE, MIT DENEN SIE VORSICHTIG SEIN SOLLTEN, DA SIE GLUTEN ENTHALTEN KÖNNEN:

- Joghurt im Portionsbecher mit Müsli, Fischklößchen, Fischgratin, Backmischungen, Fertiggerichte und -saucen, herzhafte Tartes und Früchte-Pies. Panierte Lebensmittel, Fleischbällchen, Wurst, Pasteten, Leber- und Blutwurst, Eintöpfe und Stews, gebundene Saucen, Fruchtgrützen und -puddings, Kroketten, Kartoffelklöße, Kartoffelpuffer, Rösti, vegetarische Bratlinge, Sojasauce, Ketchup, Senf, Mayonnaise, Zuckerrübensirup, Kräutermischungen, Fonds, Malzextrakt, Popcorn, gefüllte und ungefüllte Schokolade, Marzipan, Lakritzbonbons, Chips, lose Süßigkeiten, Käseflips, Schokowaffeln, Speiseeis, Eistüten und Streusel.

GUTE GRUNDNAHRUNGSMITTEL FÜR IHREN VORRAT

- Reismehl oder Vollkorn-Reismehl
- Durramehl
- Buchweizenmehl
- Maisstärke
- Kartoffelmehl
- Flohsamenschalenpulver (a. Psylliumsamenschalenpulver, z. B. FiberHusk)
- Xanthan
- Pflanzenöl

VON NATUR AUS GLUTENFREIE MEHLE

Es stehen so viele fantastische glutenfreie Mehle zur Auswahl. Für unsere Rezepte haben wir diejenigen ausgesucht, die besonders reich an Nährstoffen und aktuell besonders gut erhältlich sind. Zwar finden nicht alle Mehle in der folgenden Liste Verwendung in unseren Rezepten, doch wir finden die vielen neuen Varianten spannend, mit denen man experimentieren könnte. Lesen Sie weiter, lassen Sie sich inspirieren und probieren Sie es selbst!

AMARANTH – Eine krautige Pflanze, aus deren Samen sowohl Mehl als auch Flocken hergestellt werden. Diese zeichnen sich durch einen hohen Proteingehalt, einen niedrigen glykämischen Index (GI) und einen recht kräftigen, nussigen Geschmack aus. Ganze Amaranthkörner kann man etwa wie Quinoa zubereiten.

BUCHWEIZEN – Ein Kraut, das weder mit Weizen noch mit sonst einem Getreide verwandt ist. Buchweizensaat ist nährstoffreich und magenfreundlich, hat einen niedrigen GI und lässt den Blutzucker nur langsam ansteigen.

DURRAMEHL – Ein helles, mineral- und nährstoffreiches Vollkornmehl aus Sorghumhirse, dessen Backeigenschaften an Hafer erinnern. Ganzes Durrakorn kann alternativ zu Reis oder Couscous verwendet werden.

HAFER – Es gilt als unser nährstoffreichstes Getreide. Gewöhnlichen Hafer kann man essen, wenn man aus allgemein gesundheitlichen Gründen glutenfrei isst und keine Allergie hat. Andernfalls wählen Sie den kontrollierten Hafer mit Glutenfrei-Siegel. Eigenes Hafermehl stellen Sie aus Haferflocken her, die Sie in einer Küchenmaschine mit Messereinsatz zu Mehl zerkleinern.

HAGEBUTTENSCHALENMEHL – Das Mehl aus reifen, halbierten Hagebutten fügt glutenfreien Teigen Säure, Vitamine und etwas Farbe hinzu. Es ist von Natur aus reich an Antioxidantien.

HANFMEHL – Das Mehl aus Hanfsamen ist proteinreich und ergiebig. Mit seinem milden, nussigen Geschmack passt es gut zu süßem Backwerk.

HIRSE – Eine Art aus der Familie der Süßgräser, deren Saat als ganzes Korn, Flocken oder Mehl angeboten wird, letzteres gelegentlich unter dem im Englischen gebräuchlichen Namen *Millet*. Hirse ist mild und sanft zum Magen.

KASTANIENMEHL – Ein vielseitiges Mehl aus getrockneten Kastanien, das in Italien und Frankreich sehr beliebt ist. Seine Süße und Intensität bereichern Brot, Kuchen und Desserts, speziell Schokoladengebäck.

KICHERERBSENMEHL – Das Mehl aus den Kichererbsen, die an gelbe Erbsen erinnern, ist in der Küche Indiens und des Mittleren Ostens sehr beliebt. Kichererbsen haben einen nussartigen Geschmack und sind reich an Proteinen, Mineral- und Ballaststoffen.

KOKOSMEHL – Sein hoher Protein- und Faseranteil macht dieses Mehl so gehaltvoll, außerdem ist es reich an Antioxidantien, Eisen und anderen Mineralstoffen.

LEINSAAT – Die Samen des Leinkrauts werden ganz, zerstoßen oder gemahlen zur Bindung der anderen Ingredienzen beim Backen verwendet. Sie haben einen hohen Gehalt an Omega-3-Fettsäuren.

MAISMEHL – Ein stärkereiches Mehl, das Farbe und Geschmack verleiht. Es ist nicht das Gleiche wie Maisstärke; die beiden Produkte können nicht gegeneinander ausgetauscht werden.

MAISSTÄRKE – Das Stärkemehl wird aus dem Innenkörper des Maiskorns gewonnen. Mit Wasser aufgekocht, bildet es Gelee. Es wird vor allem als Binde- und Verdickungsmittel eingesetzt.

MANDELMEHL (Mandeln, blanchiert und fein gemahlen) – Es passt ausgezeichnet zu süßem Backwerk, eignet sich aber auch als Grundbestandteil von Hefebroten und Pfannkuchen. Eigenes Mandelmehl lässt sich herstellen, indem man Mandeln in einem Zerkleinerer oder in einer Küchenmaschine mit Messereinsatz zu feinem Mehl zerkleinert. Wenn Sie möchten, können Sie die braune Haut durch Blanchieren zuvor entfernen.

NIXTAMALISIERTES MAISMEHL (z. B. Maseca) – Dieses 100-prozentige Maismehl wird durch Vorgaren in Kalkwasser behandelt und dadurch elastischer.

PFEILWURZMEHL – Ein geschmacksneutrales Stärkemehl aus der Knolle der krautigen Pfeilwurzpflanze, gut geeignet zum Eindicken von Saucen.

POLENTA – Der grobe Maisgrieß aus dem Innenkörper des Maiskorns ist ein leicht verdauliches und damit magenschonendes Produkt.

QUINOA – Die krautige Quinoapflanze stammt aus Südamerika und ist eine Verwandte von Spinat und Roter Bete. Quinoakörner sind in unterschiedlicher Größe und Farbe erhältlich. Sie sind reich an Proteinen, Eisen und Magnesium.

REISMEHL – Das Mehl aus geschältem, getrocknetem und gemahlenem Langkornreis schmeckt neutral. Mit seinem hohen Stärkeanteil ist es ein gutes Basismehl.

SOJAMEHL – Es wird aus Sojabohnen hergestellt und enthält gesunde, ungesättigte Fettsäuren, außerdem Vitamine und Mineralstoffe. Sojamehl ist zart aromatisch mit einer nussigen Note.

TAPIOKASTÄRKE – Wie Maisstärke ist dies eine reine, allerdings kräftigere Stärke. Gewonnen wird sie aus der Maniokwurzel (auch Kassava genannt) und findet Anwendung als Verdickungsmittel beim Backen sowie beim Abbinden von Suppen und Saucen.

TEFF – Die Zwerghirse ist das kleinste Getreide der Welt. Es ist glutenfrei, hat einen hohen Nährwert und einen niedrigen GI. Das Mehl erinnert an Roggenmehl und schmeckt nach vollem Korn. Wir verwenden es als nährstoffreiches Vollkornmehl.

VOLLKORN-REISMEHL – Aus ungeschältem, getrocknetem Reis gemahlen, ist es etwas voller im Geschmack und auch nährstoffreicher als das weiße Reismehl, aber ebenfalls ein gutes Basismehl.

ZUCKERRÜBENFASER (z. B. Fibrex) – Ein Produkt aus den Ballaststoffen der Zuckerrübe, das Wasser bis zum Vierfachen seines Eigengewichts binden kann. Es dient, ähnlich wie Kleie, zum Heben des Ballaststoffanteils und zum Erhalt der Feuchtigkeit im Backwerk während Zubereitung und Backvorgang.

BINDEMITTEL

Verschiedene Verdickungs- und Bindemittel ersetzen Klebereigenschaften und Elastizität des Glutens und ermöglichen so die Teiglockerung durch Hefe und eine stabile, luftige Struktur im Backwerk. Außerdem tragen sie zur Geschmeidigkeit und Formbarkeit des Teiges bei, einige sorgen zusätzlich für eine gute Wasserbindung und damit für saftiges Brot.

FLOHSAMENSCHALEN (PSYLLIUMSAMENSCHALEN) – Unser vielseitigstes Bindemittel wird aus Psylliumsamen (deutsch Flohsamen) gewonnen: Unvermahlen oder grob pulverisiert sind Flohsamenschalen heute vielfach sogar in Supermärkten erhältlich. Zum Backen eignen sie sich besser in pulverisierter Form. Das Pulver finden Sie in feiner und feinster Qualität im spezialisierten Handel oder im Internet, etwa unter den Namen »Finax Psyllium«, »FiberHusk« oder »Golden Peanut Indisches Flohsamenschalen Pulver«. Die verschiedenen Produktbezeichnungen sagen leider wenig aus. Zwar ist der Rohstoff immer der gleiche – die Samenschalen –, entscheidend für das Backresultat ist aber das Quellvermögen, das umso höher ist, je feiner das Produkt vermahlen wurde. Gleichzeitig sind fein pulverisierte Produkte deutlich ergiebiger. Achten Sie daher unbedingt auf genauestes Abwiegen dieser Zutat!

GUARKERNMEHL (E412) – Ein aus der Guarbohne gewonnenes Kohlenhydrat, das ähnlich wie zum Beispiel Xanthan als Verdickungs- und Bindemittel dient. Für die Rezepte in diesem Buch wurde es nicht verwendet, inzwischen wird es aber im Handel immer üblicher.

KARTOFFELFASERN (z. B. Pofiber, Produkt der schwed. Firma Semper, über Onlinehandel) – Das Produkt aus getrocknetem Kartoffelfruchtfleisch besteht zu 70 % aus Ballaststoffen und wird vor allem als Bindemittel eingesetzt, ähnlich wie Flohsamenschalen (s. o.). Da es große Mengen Feuchtigkeit effektiv binden kann, lässt sich der Teig gut formen und rollen, das Brot wird saftiger.

XANTHAN (E415) – Dieser Zusatzstoff hat (wie Gluten) Klebereigenschaften, die die verschiedenen Zutaten im glutenfreien Gebäck zusammenhalten. Verwenden Sie nur mit dem Glutenfrei-Siegel gekennzeichnetes Xanthan, denn es wird aus Glukose hergestellt, die auch aus Weizen gewonnen werden kann.

LOS GEHT'S!

- Bevorraten Sie sich mit den üblichsten Grundnahrungsmitteln, die für Sie infrage kommen. Bestellen Sie online, können Sie alle Produkte in einem Einkauf zusammenfassen (z. B. www.l-carb-shop.de, Amazon). Die Investition mag zunächst teuer erscheinen, doch bedenken Sie, dass glutenfreie Mehle vielfach besonders ergiebig und sättigend sind, manche sogar nährstoffreicher als herkömmliche Getreide.

- Kochen, kochen, kochen – Übung macht den Meister! Je mehr Erfahrung Sie mit den neuen Zutaten und Produkten sammeln, umso leichter können Sie selbst beginnen, mit neuen Aromen und Kombinationen zu experimentieren.

EUROPÄISCHE PASTA IM LADENREGAL

Es gibt inzwischen wunderbare glutenfreie Pasta und Nudeln zu kaufen. Hier finden Sie einige Vorschläge. Wir selbst sind begeistert davon, wie groß die Auswahl an Alternativen ist, wenn man erst weiß, wonach man sucht!

Viele der von Natur aus glutenfreien Pasta-Sorten sind nährstoffreicher als unsere herkömmlichen Teigwaren. Ist das nicht großartig?! Falls nicht im Laden um die Ecke, finden Sie sie auf jeden Fall im Internet, in einem der vielen spezialisierten Onlineshops oder direkt bei den Herstellern, die meist auch einen Shop im Web betreiben.

BOHNENPASTA – aus 100 % Bohnenmehl, entweder aus Soja oder schwarzen Bohnen. Immer reich an Proteinen, Ballaststoffen, Vitaminen und Mineralstoffen. Erhältlich in verschiedenen Farben, je nachdem, welche Bohnensorte verarbeitet wurde. Sehr sättigend!

ERBSENPASTA – aus 100 % grünen Erbsen, daher reich an Proteinen, Vitamin C und Ballaststoffen.

HANFPASTA – mit Hanfmehl, nährstoffreich. Passt mit ihrem fein-nussigen Vollkorngeschmack gut zu traditionellen italienischen Pasta-Saucen.

KICHERERBSENPASTA – aus 100 % Kichererbsenmehl. Niedriger GI, reich an Vitaminen, Proteinen und Mineralstoffen. Fein-nussig im Geschmack.

LINSENPASTA – aus 100 % Linsen, daher sehr proteinreich und kalorienarm, mit niedrigem GI.

MAISPASTA – auf Maismehlbasis. Hoher Kohlenhydratanteil, recht geringer Nährstoffgehalt.

NATUR- ODER VOLLKORNREISPASTA – aus 100 % Vollkorn- bzw. Naturreis, also ein nähr- und ballaststoffreiches Produkt mit relativ niedrigem GI. Schmeckt wie gewöhnliche Pasta. Unser Favorit für wochentags!

QUINOAPASTA – auf Quinoabasis. Hoher Proteinanteil, niedriger GI. Reich an Vitaminen und Mineralstoffen. Ist gewöhnlicher Vollkorn-Pasta geschmacklich sehr ähnlich.

TEFFPASTA – aus 100 % Teffmehl (oder gemischt mit Mais). Nährstoffreiche Vollkorn-Pasta mit niedrigem GI.

NATURREISPASTA
ERBSENPASTA
MAISPASTA
HANFPASTA
TEFFPASTA
SCHWARZE
BOHNENPASTA
KICHERERBSEN-
PASTA
GRÜNE
BOHNENPASTA
LINSENPASTA
QUINOAPASTA
TEFFPASTA
MAISPASTA

ALGEN
REISPAPIER
REISNUDELN
BUCHWEIZEN-
NUDELN
KELPNUDELN
NATURREIS-
NUDELN
GLASNUDELN
SCHWARZE
NATURREISNUDELN

ASIATISCHE NUDELN IM LADENREGAL

Asiatische Nudeln sind die perfekte Alternative zu europäischer Pasta. Seit Langem werden verschiedene asiatische Nudeln in gewöhnlichen Lebensmittelgeschäften angeboten, die weder Gluten noch Eier enthalten, zum Beispiel Reisnudeln, Reispapier und Glasnudeln. Inzwischen sind neue Produkte hinzugekommen. Im gut sortierten Lebensmittelhandel, in Reform- und Naturkostläden, bei Spezial- und Onlinehändlern kann man aus einer Vielzahl von Varianten wählen.

ALGEN – ersetzen Nudeln in vielen asiatischen Gerichten. Reich an Mineralstoffen und Omega-3-Fettsäuren. Verschiedene Varianten sind erhältlich, manche schmecken intensiver als andere.

BUCHWEIZENNUDELN (Sobanudeln) – auf der Basis von Buchweizen und Wasser, manchmal jedoch mit einer Beimischung von Weizen: Achten Sie darauf, nur Nudeln aus 100 % Buchweizen oder solche mit dem Glutenfrei-Siegel zu kaufen. Diese Nudeln schmecken nussig nach Vollkorn und passen perfekt zu asiatischen Gerichten.

GLASNUDELN – auf der Basis von Mungbohnen- und/oder Kartoffelmehl.

HIRSENUDELN – auf der Basis von Hirse- und Guarkernmehl. Hirse ist von Natur aus glutenfrei, reich an Mineralstoffen, mehrfach gesättigten Fettsäuren und B-Vitaminen und enthält außerdem Magnesium, Zink, Kalzium und Kalium.

KELPNUDELN – Seetangnudeln aus Algen. Gluten- und fettfrei, mit einem sehr geringen Kohlenhydratanteil, wenig Kalorien und einem niedrigen GI. Enthalten Omega-3-Fettsäuren. Sie können ohne Kochen gegessen werden.

REISNUDELN – Klassiker der asiatischen Küche auf Reismehlbasis. Neuerdings gibt es eine tiefschwarze Variante aus schwarzem Reis, die sich zwar etwas anders verhält, aber nicht nur in asiatischen Gerichten gut funktioniert.

SÜSSKARTOFFELNUDELN – gehaltvolle Vollwertnudeln aus Süßkartoffeln und Buchweizen, die ein angenehmes Sättigungsgefühl hinterlassen. Niedriger GI.

PASTA UND NUDELN

GRUNDREZEPT PASTA

Falls Sie noch nie Pasta selbst gemacht haben: Jetzt ist es an der Zeit! Die Herstellung von frischer glutenfreier Pasta ist nicht komplizierter als die von herkömmlicher Pasta, nur die Vorgehensweise unterscheidet sich etwas. Was Sie brauchen, sind die Zutaten, eine Küchenmaschine und eine handelsübliche Nudelmaschine. Mit Ei, vegan oder grün gefärbt und würzig – welche Sorte wird Ihr Favorit? Jedes Grundrezept ergibt ca. 600 g Pasta, das entspricht 4–6 Portionen.

FRISCHE PASTA MIT EI

- 150 g Vollkorn-Reismehl
- 60 g Maisstärke
- 35 g Maismehl
- 15 g Xanthan
- 1 Prise Salz
- 20 g Olivenöl
- evtl. 1–2 EL Wasser
- 4 große Eier à ca. 60 g

FRISCHE PASTA – VEGAN

- 200 g Vollkorn-Reismehl
- 100 g Maisstärke
- 60 g Maismehl
- 15 g Xanthan
- 10 g feines Flohsamenschalenpulver (a. Psylliumsamenschalenpulver, z. B. FiberHusk)
- 1 Prise Salz
- 25 g Olivenöl
- 260 g kaltes Wasser

Eiernudeln und vegane Pasta werden auf die gleiche Weise hergestellt:
In einer Schüssel die trockenen Zutaten abwiegen und gründlich mischen. Öl mit Wasser verschlagen (für die Eiernudeln auch die Eier). Den Knethaken in die Küchenmaschine einsetzen, die trockenen Zutaten hineingeben und die Maschine starten. Die flüssigen Zutaten hinzufügen, während die Maschine läuft. Alles zu einem glatten Teig verarbeiten. Aus der Maschine nehmen und in sechs Stücke teilen, jedes mit den Fingerspitzen vorsichtig flach drücken und zu einem Rechteck formen. Fühlt sich der Teig feucht an, wird er mit Reismehl bestäubt.

Den Teig zunächst zweimal durch die weiteste Walzeneinstellung der Nudelmaschine führen. Dann den Abstand stufenweise enger einstellen und den Teig in jeweils zwei Durchgängen pro Stufe so dünn wie möglich mit der Maschine ausrollen. Die kleinste Einstellung muss eventuell ausgelassen werden, da glutenfreie Pasta nicht so elastisch ist wie konventionelle. Die (ca. 1–2 mm) dünne Pasta nun mithilfe der entsprechenden Aufsätze in die gewünschte Form schneiden: Tagliatelle (Bandnudeln) oder Spaghetti. Die fertigen Nudeln auf eine bemehlte Oberfläche legen und mit einem angefeuchteten Handtuch abdecken, damit sie nicht austrocknen.

Wasser in einem großen Topf aufkochen, Salz zugeben und die frische Pasta hineingeben. Etwa 3 Minuten kochen lassen bzw. bis die Pasta *al dente* ist.

FRISCHE GRÜNE PASTA

- 1 Rezept frische vegane Pasta oder Eiernudeln
- ca. 50–70 g Rucola oder Spinat oder eine Kräutermischung (z. B. 1 Topf Basilikum oder Oregano und 2 EL frischer Thymian)
- ca. 2 EL Vollkorn-Reismehl zusätzlich

Nach dem Grundrezept für Pasta mit Ei bzw. vegane Pasta arbeiten, mit der angegebenen Flüssigkeit (Öl, Wasser und ggf. Ei) jedoch Rucola, Spinat oder Kräuter pürieren, bis alle Blätter fein zerkleinert sind und die Flüssigkeit homogen grün ist. 1–2 EL Reismehl zusätzlich einarbeiten.

Grüne Pasta mit neutralem Geschmack erhalten Sie, wenn Sie nur Spinat zum Färben verwenden.

RAVIOLI MIT RICOTTA UND SPINAT IN TOMATENSAUCE

Ravioli sind ein Klassiker der italienischen Küche und wurden schon im 14. Jahrhundert serviert. Für Vorspeisen sind größere »Kissen« besonders schön.

4–6 PORTIONEN

1 Rezept Pastateig nach Wahl (s. Rezepte S. 21), dünn ausgerollt
1 Eigelb zum Bepinseln

Füllung
1 Knoblauchzehe, gehackt
2 EL Olivenöl
200 g frischer Blattspinat, grob gehackt
200 g Ricotta
50 g Parmesan, gerieben
Salz und frisch gemahlener schwarzer Pfeffer

Tomatensauce
4 EL Olivenöl
1 Zwiebel, geviertelt
2 Knoblauchzehen, abgezogen und halbiert
400 g geschälte Tomaten in Stücken
einige Stängel Basilikum oder 1 TL getrocknetes Basilikum
½ TL Salz
frisch gemahlener schwarzer Pfeffer

Mit der Füllung beginnen. Den Knoblauch mit Olivenöl in einer Bratpfanne bei mittlerer Hitze etwa 1 Minute anschwitzen. Den Spinat hinzugeben und dünsten, bis er etwas zusammenfällt. Abkühlen lassen und dann mit Ricotta, geriebenem Parmesan, Salz und Pfeffer mischen. Sorgfältig abschmecken, ggf. nachsalzen und -pfeffern. Die Mischung soll einen milden, ausgewogenen Geschmack haben.

Mit der Tomatensauce fortfahren. Olivenöl in einem Topf mit schwerem Boden erhitzen. Zwiebel und Knoblauch darin 10–15 Minuten bei schwacher Hitze behutsam glasig anschwitzen, aber keine Farbe nehmen lassen. Von Zeit zu Zeit umrühren. Tomatenstücke, Basilikum, Salz und Pfeffer hinzufügen und mit Deckel bei sehr schwacher Hitze ca. 35 Minuten köcheln lassen. Für eine dickere Sauce gegen Ende der Garzeit den Deckel abnehmen, die Temperatur erhöhen und die Sauce einkochen lassen, zwischendurch umrühren. Sobald die Sauce fertig ist, Zwiebel und Knoblauch herausfischen.

Für die Ravioli die ausgewalzte Pasta auf einer bemehlten Unterlage ausbreiten. Aus jeweils 1–2 TL Füllung kleine Bällchen formen (je nach gewünschter Größe der Ravioli) und sie mit 6 cm Abstand in einer Reihe auf eine der Teigplatten setzen. Die Ränder rund um die Füllung mit etwas Eigelb bestreichen. Eine zweite Teigplatte passend darauflegen, sodass sie jedes Häufchen Füllung dicht umschließt. Die Luft vollständig herausstreichen und die Kanten um die Füllung sorgfältig andrücken. Mit einem Messer viereckige Ravioli ausschneiden und auf einer bemehlten Fläche beiseitelegen.

Die Ravioli in reichlich großzügig gesalzenem Wasser 3–5 Minuten kochen, bis sie zur Oberfläche schwimmen. Mit der Tomatensauce servieren.

LASAGNE MIT WALNÜSSEN UND PORTOBELLO-PILZEN

Ein Lieblingsrezept für Lasagne haben viele. Sie können Ihres wie gewohnt zubereiten. Oder Sie erwärmen sich für diese sagenhaft gute Variante mit Pilzen und Walnüssen anstelle von Hackfleisch.

---

6 PORTIONEN

1 Rezept Pastateig nach Wahl (s. Rezepte S. 21), zu breiten Platten ausgerollt
oder ca. 1 Pkg. fertige glutenfreie Lasagneplatten (250 g)
125 g Mozzarella zum Garnieren, in Scheiben geschnitten

Walnusssauce mit Pilzen
450 g Walnüsse
100 g sonnengetrocknete Tomaten
4 EL Olivenöl
350 g Portobello-Champignons, fein gehackt
5 Knoblauchzehen, gehackt
400 g geschälte Tomaten in Stücken
2½ EL Tomatenmark
1 EL gerebeltes Basilikum
2 EL Tamari oder glutenfreie japanische Sojasauce
Salz und frisch gemahlener schwarzer Pfeffer

Béchamelsauce
2–3 EL Reismehl
2–3 EL Maisstärke
1 Liter Milch oder Pflanzenmilch
100 g Butter
60 g Parmesan, gerieben
Salz und frisch gemahlener Pfeffer
evtl. Muskatnuss, gerieben

Mit der Walnusssauce beginnen. In einer Küchenmaschine mit Messereinsatz oder im Standmixer aus Walnüssen und getrockneten Tomaten eine Masse von hackfleischartiger Konsistenz herstellen. Öl in einer großen Pfanne mit hohem Rand erhitzen. Die Pilze darin bei mittlerer Hitze unter Rühren 8–10 Minuten anschwitzen, bis ihre Feuchtigkeit vollständig verdampft ist. Knoblauch dazugeben und unter Rühren einige Minuten mitbraten bzw. bis Knoblauchduft aufsteigt. Die übrigen Zutaten in die Pfanne geben und die Sauce ca. 25 Minuten köcheln lassen. Gelegentlich umrühren, bei Bedarf mit Salz und Pfeffer nachwürzen.

Für die Béchamelsauce Reismehl und Maisstärke in 150 ml Milch anrühren. Die Butter in einem Topf mit dickem Boden zerlassen. Die restliche Milch angießen, aufkochen lassen und dann die Mehlmischung mit dem Schneebesen einrühren. Die Sauce bei schwacher Hitze weiter schlagen, bis sie andickt, und weitere 3–5 Minuten vorsichtig köcheln lassen. Den Käse unterrühren. Mit Salz, Pfeffer und, falls gewünscht, etwas geriebener Muskatnuss abschmecken.

Béchamelsauce, Lasagneplatten und Walnusssauce abwechselnd in eine tiefe Auflaufform schichten, mit der hellen Sauce und Mozzarella abschließen. Die Form im Backofen auf mittlerer Schiene ca. 45 Minuten bei 175 °C backen bzw. bis die Oberfläche goldbraun und die Pasta gar ist.

PASTA PESTO

Mit einem Glas selbst gemachtem Pesto im Kühlschrank hat man jederzeit etwas zum Anbieten parat – ein wahrer Retter in der Not. Das Pesto hält sich etwa eine Woche und lässt sich vielseitig verwenden! Bereiten Sie am besten gleich zwei Portionen vor …

4–6 PORTIONEN

1 Rezept Pasta (s. Rezepte S. 21) oder fertig gekaufte Pasta nach Wahl

Pesto

3 Töpfe Basilikum
ca. 300 ml Olivenöl
75 g Pinienkerne oder blanchierte Mandeln
1–2 Knoblauchzehen, gepresst
125 g Parmesan oder Pecorino, gerieben
Salz und frisch gemahlener Pfeffer

Die Basilikumblättchen abzupfen. Die Blättchen mit der Hälfte des Öls und den Pinienkernen bzw. Mandeln im Standmixer oder in einer Küchenmaschine mit eingesetztem Messereinsatz zerkleinern, bis die Kerne fein gehackt sind. Knoblauch, Parmesan bzw. Pecorino hinzugeben und mit Salz und Pfeffer abschmecken. Die Konsistenz sollte üblicherweise etwa wie fester Joghurt sein, lässt sich aber durch Zugabe von mehr Olivenöl nach Wunsch anpassen.

Die Pasta nach Rezept bzw. Packungsanleitung garen. Das Pesto untermischen.

»Die Herstellung von frischer glutenfreier Pasta ist nicht komplizierter als die von frischer Pasta aus Weizenmehl, nur die Vorgehensweise unterscheidet sich etwas.«

TORTELLINI MIT STEINPILZEN UND TOMATENSAUCE

Tortellini sind kleine gefüllte Pastapäckchen, die ihren Ursprung im Nordosten Italiens haben. Wählen Sie Ihre Lieblingsfüllung und reichen Sie eine einfache, aber gut gemachte Tomatensauce dazu.

4–6 PORTIONEN

1 Rezept Pasta nach Wahl (s. Rezepte S. 21), dünn ausgerollt
1 Eigelb zum Bestreichen

Füllung
375 g Steinpilze und/oder Waldchampignons, geputzt
2½ EL Butter
½ Zwiebel, fein gehackt
3 Knoblauchzehen, fein gehackt
1 EL frischer Thymian, gehackt
Salz und frisch gemahlener Pfeffer
50 ml trockener Rotwein
30 g Parmesan + Parmesan zum Servieren
2 EL Petersilie, gehackt

Die Pilze mit dem Messer oder im Zerkleinerer in ca. 2–4 mm große Stücke hacken. Die Butter in einer großen Bratpfanne erhitzen, die Pilze hinzugeben und anschwitzen, bis ihre Feuchtigkeit fast vollständig verdampft ist. Zwiebel, Knoblauch und Thymian hinzufügen, salzen und pfeffern. Rühren, bis die Mischung trocken ist und leicht anröstet, also gut Farbe annimmt. Mit dem Rotwein ablöschen, die Temperatur etwas erhöhen und die Mischung unter Rühren wieder einkochen lassen. Die Pfanne vom Herd nehmen, Parmesan und Petersilie einrühren. Mit Salz und Pfeffer abschmecken. Die Mischung in den Zerkleinerer bzw. in den Standmixer geben und nach Wunsch pürieren. Vollständig abkühlen lassen.

Den ausgewalzten Pastateig auf eine leicht bemehlte Arbeitsfläche legen, in 5–6 cm große Quadrate schneiden. Je 1 kleinen TL Füllung in die Mitte der Quadrate setzen, jedes entlang der Kanten dünn mit Eigelb bestreichen und diagonal über die Mitte zu einem Dreieck zusammenfalten. Luft herausstreichen, sodass der Teig die Füllung dicht umschließt. Alle Ränder sorgfältig andrücken. Die beiden langen Spitzen eines Dreiecks wie einen Ring um den kleinen Finger legen und zusammendrücken. So mit allen Teigstückchen verfahren und die fertig geformten Tortellini auf bemehltem Backpapier ablegen.

Die Tortellini in Salzwasser ca. 4 Minuten kochen, bis sie gar sind und zur Oberfläche schwimmen. In einem Durchschlag abtropfen lassen.

Serviervorschläge:
- Mit selbst gemachter Tomatensauce (s. Rezept S. 23)
- Mit zerlassener Butter, Salzflocken, schwarzem Pfeffer und gehackter Petersilie.
- In einer leckeren Pilzbrühe als Vorsuppe.

TIPP! Tortellini lassen sich ausgezeichnet einfrieren und halten etwa 3 Monate. Man verwendet sie tiefgefroren, lässt sie aber einige Minuten länger kochen.

SPAGHETTI MIT MIESMUSCHELN, KNOBLAUCH UND PETERSILIE

Ein luxuriöses Pastagericht mit Muscheln, die Sie natürlich gegen Ihre Lieblingsschalentiere austauschen können.

4–6 PORTIONEN

1 Rezept Pasta nach Wahl (s. Rezepte S. 21), durch die Spaghetti-Walze gedreht
4 EL Olivenöl
30 g Butter
3 Knoblauchzehen, fein gehackt
½ rote Chili, entkernt und gehackt
2 mittelgroße Tomaten, gehackt
250 ml trockener Weißwein
500 g Miesmuscheln, gewaschen
2 EL Petersilie, gehackt
abgeriebene Schale und Saft einer ½ Bio-Zitrone
Salzflocken und frisch gemahlener schwarzer Pfeffer

Die Pasta nach Rezept herstellen, kochen und mit kaltem Wasser abschrecken.

Olivenöl mit der Hälfte der Butter in einem großen Topf erhitzen. Knoblauch und Chili darin bei mittlerer Hitze anschwitzen, bis der Knoblauch zu duften beginnt; nicht bräunen. Die Tomaten dazugeben und das Ganze einige Minuten kochen lassen bzw. bis die Tomaten zu zerfallen beginnen. Den Wein angießen und aufkochen lassen, dann die Muscheln hinzufügen und die Temperatur erhöhen. Den Deckel aufsetzen und alles 2–3 Minuten kochen lassen, sodass sich die Muscheln öffnen. Alle jetzt noch verschlossenen Muscheln müssen weggeworfen werden. Die restliche Butter hinzugeben und schmelzen lassen.

Die Spaghetti unterheben und unter Rühren kurz erwärmen. Die gehackte Petersilie, Zitronenabrieb und -saft einrühren, mit Salzflocken und Pfeffer abschmecken und sofort servieren.

KRÄUTER-TAGLIATELLE MIT PFIFFERLINGEN UND HASELNÜSSEN

Nach Kräutern duftende Pasta, dazu Pfifferlinge und Haselnüsse – so viele herrliche Aromen vereint auf ein und demselben Teller! Sie wärmen Herz und Seele und besänftigen nicht nur den Magen.

4–6 PORTIONEN

1 Rezept grüne Pasta mit Kräutern (s. Rezept S. 21)
1 EL Butter
2 EL Olivenöl
2 kleine Zwiebeln, fein gehackt
100 g Haselnüsse, grob gehackt
300 g Pfifferlinge, geputzt und in Streifen geschnitten
5 Knoblauchzehen, fein gehackt
evtl. 200 g Sahne (oder Pflanzensahne)
30 g Petersilie, fein gehackt
Salz und frisch gemahlener Pfeffer

Zum Servieren
Parmesan oder Pecorino, gerieben

Die Pasta gemäß Rezept herstellen.

Butter und Olivenöl in einer Bratpfanne erhitzen. Zwiebeln, Haselnüsse und Pfifferlinge darin bei mittlerer Hitze 5–7 Minuten anbraten bzw. bis die Zwiebeln glasig sind und das Wasser aus den Pilzen vollständig verkocht ist. Den Knoblauch hinzufügen und unter Rühren einen Augenblick weiterbraten, bis Knoblauchduft aufsteigt. Falls gewünscht, nun die Sahne angießen und die Sauce einige Minuten einkochen lassen. Die gehackte Petersilie dazugeben, mit Salz und Pfeffer abschmecken.

Die Pasta in reichlich gut gesalzenem Wasser in 3–4 Minuten garen. Abgießen und unter die Pfifferlingsauce heben. Sofort mit geriebenem Parmesan oder Pecorino servieren.

Für dieses Rezept haben wir in der Pasta außer Rucola die Blätter von einem ½ Topf Basilikum und einigen Zweigen Thymian verarbeitet, dadurch schmeckt und duftet sie herrlich intensiv!

SPAGHETTI AGLIO E OLIO

So einfach, so gut! Dieses Gericht wird für alle schnell zur Leibspeise. Das Beste daran: Sie zaubern es in höchstens einer halben Stunde auf den Tisch! Am besten mit frischer Pasta.

4–6 PORTIONEN

1 Rezept Pasta nach Wahl
(s. Rezepte S. 21)
Salz
75 ml aromatisches Olivenöl guter Qualität
8 Knoblauchzehen, in dünne Scheiben geschnitten
20 g frische Petersilie, fein gehackt
Salzflocken und frisch gemahlener schwarzer Pfeffer

Zum Servieren
geriebener Parmesan

Die Pasta nach Rezept herstellen und in reichlich Wasser kochen. Bitte beachten: Gerade für dieses Gericht ist es besonders wichtig, dass das Kochwasser reichlich gesalzen ist. Die Pasta darin in 3–4 Minuten bissfest garen, abgießen.

Währenddessen das Olivenöl in einem großen Topf oder in einer Pfanne erhitzen. Die Knoblauchscheiben ins Öl geben und ein paar Minuten unter Rühren behutsam etwas Farbe annehmen lassen, nicht bräunen oder anbrennen lassen.

Die abgetropfte Pasta hineingeben und schnell mit der fein gehackten Petersilie, den Salzflocken und dem Pfeffer vermengen. Mit geriebenem Parmesan bestreut servieren.

»Viele der von Natur aus glutenfreien Pastasorten sind nährstoffreicher als unsere herkömmlichen Teigwaren. Ist das nicht großartig?!«

GNOCCHI MIT FRISCHER SALBEIBUTTER

Die sättigende Kartoffelpasta wird oft mit Tomatensauce serviert oder mit Salbei in heißer Butter gewendet. Köstlich als Vorspeise und ausgezeichnet zum Einfrieren!

---

6 PORTIONEN

500 g mehligkochende Kartoffeln, gekocht und geschält
1 Ei
Salz
1 Prise weißer Pfeffer
50 g Maismehl
110 g Reismehl
120 g Maisstärke
50 g Butter
1 Topf frischer Salbei
4–6 Knoblauchzehen, in dünne Scheiben geschnitten oder gepresst
frisch gemahlener schwarzer Pfeffer
evtl. Parmesan zum Bestreuen

Die Kartoffeln durch eine Presse geben oder stampfen und etwas abkühlen lassen.

Ei, 2 TL Salz und weißen Pfeffer in das Kartoffelmus rühren. Mais- und Reismehl sowie die Maisstärke zur Kartoffelmasse geben und zu einem glatten Teig verarbeiten. Etwa 15 Minuten ruhen lassen, dann in 4 Portionen teilen und diese zu Rollen formen. Die Rollen in ½ cm dicke Scheiben schneiden oder mit einem Teelöffel entsprechend große Portionen abnehmen und mit bemehlten Händen zu runden oder auch etwas länglichen Bällchen formen. Jedes mit den Zinken einer Gabel etwas flach drücken. Reichlich Salzwasser zum Kochen bringen, die Gnocchi darin bei schwacher bis mittlerer Hitze gar ziehen lassen, bis die Gnocchi an die Oberfläche schwimmen. Mit einem Schaumlöffel herausheben.

Etwa die Hälfte der Butter bei mittlerer Temperatur in einer Pfanne erhitzen, bis sie nicht mehr schäumt. Die Gnocchi (eventuell in mehreren Partien) hineingeben und anbraten, dabei nur leicht bräunen. Herausnehmen und auf einem Teller beiseitestellen. Salbeiblätter abzupfen, mit dem Knoblauch in der restlichen Butter anschwitzen. Die Gnocchi verteilen und die Salbeibutter darübergeben. Salzen und pfeffern, eventuell mit geriebenem Parmesan bestreuen.

TIPP! Probieren Sie die Gnocchi auch einmal mit unserer leckeren Tomatensauce (s. Rezept S. 23).

SCHWARZE PASTA MIT KRABBEN UND CHILI

Für dieses wunderbare Gericht haben wir schwarze Vollkorn-Pasta aus 100 % schwarzem Reis verwendet. Sie lässt sich durch jede beliebige andere Sorte ersetzen. Schwarze oder selbst gemachte frische Pasta verleiht allem eine besondere, festliche Note. Und ist auch noch so gesund.

---

4 PORTIONEN

400 g schwarze Reisnudeln
100 ml Olivenöl
4 Knoblauchzehen, fein gehackt
1–2 frische rote Chilischoten, in dünne Scheiben geschnitten
Salz und frisch gemahlener Pfeffer
abgeriebene Schale und Saft einer ½ Bio-Zitrone
400 g Krabben, geschält (gut 1 kg ungeschält)

Zum Servieren
Parmesanspäne
gehackte Petersilie

Die Pasta nach Packungsanleitung in reichlich Salzwasser kochen, etwa eine Minute vor der angegebenen Zeit abgießen. Sie soll noch gut bissfest sein. In der Zwischenzeit Olivenöl in einer großen Bratpfanne erhitzen, Knoblauch und Chili darin anschwitzen, bis der Knoblauch zu duften beginnt, nicht bräunen. Salz, Pfeffer, Zitronenabrieb und -saft hinzufügen.

Die abgetropfte Pasta in die Pfanne geben. Alles kurz erhitzen und dabei gut vermischen. Die Krabben untermengen, nochmals salzen und pfeffern. Sofort mit Parmesanspänen und Petersilie bestreut servieren.

BOHNENPASTA MIT SCHWARZKOHL, SONNENGETROCKNETEN TOMATEN UND ZWIEBELN

Ein gesundes, sättigendes Gericht für den Alltag, das sich schnell aus dem Ärmel schütteln lässt – sieht gut aus, duftet appetitlich und schmeckt super!

---

2 PORTIONEN

200 g Bohnenpasta
2 EL Olivenöl
1 Zwiebel, in schmale Ringe geschnitten
6–8 Blätter Schwarzkohl, ohne Strunk grob gehackt
2 Knoblauchzehen, gepresst oder fein gehackt
ca. 5 sonnengetrocknete Tomaten, in dünne Streifen geschnitten

Zum Servieren
nach Belieben geriebener Parmesan

Die Bohnenpasta nach Packungsanleitung kochen. Wir haben schwarze Bohnenpasta verwendet, aber man kann ohne Weiteres eine andere Sorte wählen.

Das Öl in einer Bratpfanne erhitzen, die Zwiebelringe darin bei mittlerer bis großer Hitze glasig anschwitzen. Den gehackten Kohl dazugeben und unter Rühren 5–7 Minuten weiterbraten, sodass der Kohl zusammenfällt und die Zwiebelringe eine goldene Farbe annehmen. Knoblauch und getrocknete Tomaten hinzufügen und unter Rühren noch etwa 1 Minute braten lassen. Nach Belieben vor dem Servieren mit Parmesan bestreuen.

ERBSENPASTA-SALAT

Erbsenpasta besteht zu 100 % aus Erbsen und ist reich an Nährstoffen und Proteinen. Sie kann in diesem Rezept durch andere Pasta aus Hülsenfrüchten ersetzt werden: Linsen, Kichererbsen oder andere Bohnen ergeben einen ebenso sättigenden Pasta-Salat – perfekt für die Lunch-Box!

2 PORTIONEN

200 g Erbsen- oder andere Pasta, gekocht und abgekühlt
10 Cocktailtomaten, halbiert
2 Handvoll frischer Blattspinat oder anderes Blattgemüse, z. B. Rucola
½ rote Zwiebel, in feine Streifen geschnitten
3–4 Handvoll Sonnenblumensprossen oder andere Sprossen
10 Basilikumblättchen, grob gehackt
100 g Feta
4 EL Olivenöl
1½ EL Zitronensaft
Salz und frisch gemahlener schwarzer Pfeffer

Zum Garnieren
evtl. geröstete Sonnenblumenkerne

Die Pasta mit dem Gemüse und dem Basilikum in einer Schale mischen, den Feta darüber zerbröseln. In einem Schälchen Olivenöl, Zitronensaft, Salz und Pfeffer zu einem Dressing verrühren, über den Salat träufeln und alles vorsichtig vermischen. Nach Wunsch geröstete Sonnenblumenkerne darüberstreuen.

Den Salat sofort servieren oder in der Lunchbox mitnehmen. Er hält sich im Kühlschrank einige Stunden frisch.

RAMEN MIT KROSSEM TOFU UND BUCHWEIZENNUDELN

Ein magisch gutes und nahrhaftes Essen für wochentags, das Sie in nur 10–15 Minuten fertig zubereitet haben. Da bleibt Zeit, die Bouillon von Grund auf selbst zu kochen – so wird's besonders schmackhaft und gesund! Andernfalls verwenden Sie Brühwürfel oder Miso von guter Qualität.

2 PORTIONEN

200 g Tofu, gewürfelt
3 EL Maisstärke
50 ml neutrales Speiseöl
1 l Bouillon guter Qualität oder Misobrühe
1 cm Ingwer, in Streifen geschnitten
1 TL rote Chili, fein gehackt
1 Knoblauchzehe, fein gehackt
200 g glutenfreie Buchweizennudeln
4 EL Tamari oder glutenfreie Sojasauce
1½ EL Sesamöl
2 Frühlingszwiebeln, in Streifen geschnitten
100 g Shiitake, in Streifen geschnitten
1 Karotte, in dünne Stifte geschnitten
100 g Kohl, Chinakohl oder frischer Spinat, in feine Streifen geschnitten
75 g Zuckerschoten

Zum Garnieren
evtl. etwas Sesamsaat

Die Tofuwürfel in der Maisstärke wenden. Das Öl in einer Bratpfanne erhitzen. Den Tofu darin bei mittlerer Hitze braten, bis die Würfel rundum goldbraun sind. Auf Küchenpapier abtropfen lassen.

Die Bouillon oder Misobrühe in einem Topf aufkochen, Ingwer, Chili und Knoblauch hinzufügen und 5 Minuten köcheln lassen. Die Nudeln hineingeben und mitkochen, bis sie etwa 2 Minuten vor Ende der Kochzeit fast fertig sind. Vom Herd nehmen und Tamari oder glutenfreie Sojasauce sowie das Sesamöl hinzufügen.

Das fein zurechtgeschnittene Gemüse und die ganzen Zuckerschoten in Suppenschalen anrichten und die heiße Bouillon bzw. Misobrühe darübergießen. Mit den krossen Tofuwürfeln und eventuell etwas Sesam garnieren.

BUNTER WOK MIT REISNUDELN

Es kommt hinein, was zur Hand ist: einfach, schnell, lecker und gesund! Dieses Rezept zeigt den Grundgedanken – entscheiden Sie selbst, welches Gemüse und welche Proteinquelle Sie bevorzugen.

---

2 PORTIONEN

200 g Reisnudeln (weiß oder Vollkorn-)
Proteine nach Belieben (z. B. 300 g Hähnchenfilet oder -schenkel, alternativ Lachs, Krabben oder grüne TK-Sojabohnen)
Salz und frisch gemahlener Pfeffer
5 EL Kokos- oder Erdnussöl
1 Kopf Brokkoli, in Röschen zerteilt
1 Karotte, in dünne Scheiben geschnitten
1 rote Paprika, in Streifen geschnitten
15 cm Lauch, in Streifen geschnitten
100 g Weißkohl, in Streifen geschnitten
2 Knoblauchzehen, fein gehackt
½ rote Chili, in Streifen geschnitten
1 cm Ingwer, gerieben
3 EL Tamari oder glutenfreie Sojasauce
1 EL Sesamöl
1 EL Reis- oder Apfelessig
2 TL Honig oder Agavendicksaft

Zum Garnieren
evtl. Sesamsaat, gehackte Erdnüsse oder Cashewkerne

Die Reisnudeln nach Packungsanleitung bissfest garen, mit kaltem Wasser spülen, bis sie abgekühlt sind, und beiseitestellen.

Die proteinhaltigen Zutaten vorbereiten: Bohnen gegebenenfalls auftauen, Fleisch oder Fisch in Streifen oder mundgerechte Stücke schneiden, mit Salz und Pfeffer würzen.

Gegebenenfalls Fleisch oder Fisch braten. Dazu die Hälfte des Öls in einer großen Pfanne erhitzen. Fleisch oder Fisch darin anbraten, wenden und fertig garen. Herausnehmen und auf einem Teller beiseitestellen.

Das restliche Öl in der Pfanne erhitzen. Das vorbereitete Gemüse, Chili und Ingwer hineingeben, einige Minuten unter Rühren braten lassen. Tamari oder Sojasauce, das Sesamöl, Reis- oder Apfelessig, Honig oder Agavendicksaft sowie 2 EL Wasser zufügen. Alles gut mischen und nun zügig die Nudeln und gegebenenfalls Fleisch oder Fisch bzw. Krabben dazugeben.

Unter Rühren erhitzen, dabei etwas Wasser angießen, falls es am Pfannenboden zu trocken wird. Sofort servieren.

Noch schmackhafter – und gehaltvoller – wird das Gericht, wenn man es zum Schluss mit Sesamsaat, gehackten Erdnüssen oder Cashewkernen bestreut.

VIETNAMESISCHE FRÜHLINGS-ROLLEN MIT ERDNUSSSAUCE

Bitten Sie festlich zu Tisch – ganz unkompliziert: Aus einer bunten Auswahl frischer Zutaten kann sich jeder sein Lieblingsgemüse picken und die eigene Frühlingsrollenfüllung individuell zusammenstellen.

4–6 PORTIONEN

100 g Mungbohnensprossen
3 Stängel Minze
4–5 Stängel Koriander
1 kleine Gurke, geschält und in schmale Stifte geschnitten
1 große Avocado, in Streifen geschnitten
4 Frühlingszwiebeln, in Streifen geschnitten
100 g Kohl, in feine Streifen geschnitten
1 Karotte, in schmale Stifte geschnitten
200 g Krabben, geschält
200 g Hähnchenfleisch, leicht gebraten und abgekühlt
400 g Glasnudeln, gekocht und abgekühlt
ca. 16 große, runde Blätter essbares Reispapier (oder mehrere einer kleineren Sorte)

Erdnusssauce
200 g Erdnussbutter (ungesalzen und ungesüßt, 96–100 % Erdnussgehalt)
100 ml Kokosmilch oder Wasser
2 EL Tamari
Saft einer ½ Limette
evtl. 1 rote Chili, fein gehackt
1 mittelgroße Knoblauchzehe, gepresst
1 TL Sesamöl

Alle Zutaten für die Erdnusssauce in einer Schale aufschlagen und beiseitestellen. Das Gemüse und alle anderen Zutaten zum Füllen der Frühlingsrollen vorbereiten. Die Kräuter waschen, trocken schütteln und die Blätter abzupfen.

Ein sauberes Küchentuch nass machen, kräftig auswringen und als Unterlage ausbreiten. Wasser in eine große, flache Schale oder in einen tiefen Teller füllen. Die Gastgeber (oder die Gäste selbst) tauchen jedes Reispapierblatt einzeln ins Wasser – sie sollen sich biegen lassen, aber nicht schlaff werden – und legen sie auf das feuchte Küchentuch.

Glasnudeln, Sprossen, Minze, Koriander, Krabben und/oder Hühnchen und Gemüsestreifen nach Wahl längs in die Mitte eines Papiers legen, dabei rundherum ausreichend Platz zum Falten des Papiers freilassen.

Zunächst die kurzen Seiten nach innen falten, dann eine der Längsseiten zur Mitte falten und schließlich alles zu einer festen Rolle zusammenrollen. Die übrigen Rollen auf die gleiche Weise formen.

Dazu die Erdnusssauce reichen.

KELPNUDELN MIT CASHEW-KORIANDER-DRESSING

Ein Rohkostgericht mit knusprigen Kelpnudeln aus Seetang. Die kalorienarmen Nudeln haben einen sehr geringen Gehalt an Kohlenhydraten und schmecken ähnlich wie Glasnudeln.

---

2 PORTIONEN

300 g Kelpnudeln (Seetangnudeln)
1 kleine Gurke, in Stifte geschnitten
10 Cocktailtomaten, halbiert
2–4 Frühlingszwiebeln, in Streifen geschnitten
70 g Rotkohl, in feine Streifen geschnitten
4 Blätter Römersalat, grob zerteilt
3–4 Handvoll Sprossen

Cashew-Koriander-Dressing
100 g Cashewkerne
2 Handvoll Koriandergrün
½ grüne Chili, mit oder ohne Kerne (je nachdem, wie scharf das Dressing sein darf)
1 Knoblauchzehe, abgezogen
1 cm frischer Ingwer, gerieben
50 ml Olivenöl
50 ml Tamari oder glutenfreie Sojasauce
2–3 EL frisch gepresster Limettensaft
1 EL Agavendicksaft

Zum Garnieren
1–2 Avocados, in Spalten geschnitten
3–4 EL Kürbiskerne
frisches Koriandergrün

Für das Dressing die Cashewkerne mindestens 5 Stunden in Wasser einweichen (auch die Kelpnudeln sollten für etwa 1 Stunde in Wasser gelegt werden), abgießen und abtropfen lassen.

Für das Dressing alle Zutaten zusammen mit 2–3 EL Wasser im Standmixer oder in einer Küchenmaschine mit Messereinsatz pürieren, bis eine ganz glatte Nussmasse entsteht. Das Dressing abschmecken: für mehr Salzigkeit mit Tamari oder Sojasauce, für mehr Säure mit Limettensaft, für mehr Süße mit Agavendicksaft.

Gurke, Tomaten, Frühlingszwiebeln und Rotkohl in eine Schüssel geben. Die eingeweichten Kelpnudeln abgießen und gründlich abtropfen lassen, dann unter das Gemüse mengen. Das Dressing darübergießen, alles gut mischen. Zwei Teller oder Salatschalen mit dem Blattsalat auslegen und den Salat darauf verteilen, die Sprossen darübergeben. Mit Avocadospalten garnieren und mit Kürbiskernen und frischem Koriander bestreut servieren.

ALGENSALAT MIT FRITTIERTEM TOFU

Mit ihrem mild-süßen Geschmack ist Arame eine vorzügliche Wahl, wenn man die Verwendung von Speisealgen probieren will. Zusammen mit Tofu bilden die Algen eine vollwertige Vorspeise nach asiatischer Art.

4 PORTIONEN

50 g Arame-Algen (oder andere für Salate geeignete Algen)
1 EL Sesamöl
1½ EL Sesamsaat
2 EL Tamari oder glutenfreie Sojasauce
120 g Rotkohl, in feine Streifen geschnitten
1 rote Paprika, in Streifen geschnitten
2 Frühlingszwiebeln, in Streifen geschnitten
200 g Tofu
50 g Maisstärke
300 ml Raps- oder Erdnussöl
4–8 Salatblätter

Zum Garnieren
Sesamsaat

Die Algen mindestens 30 Minuten in Wasser einweichen und in einem Sieb abspülen bzw. nach Packungsanleitung vorbereiten. Mit Sesamöl, Sesamsaat und Tamari oder glutenfreier Sojasauce mischen, dann mit dem vorbereiteten Gemüse vermengen.

Den Tofu in 2 cm dicke Scheiben schneiden und in Maisstärke wenden. Das Öl in einer Pfanne mit hohem Rand gut erhitzen. Zum Testen einen Holzlöffel in das Öl halten: Sprudelt es sofort kräftig, hat das Öl die nötige Hitze erreicht. Es darf nicht rauchen oder qualmen.

Die panierten Tofuscheiben in das heiße Öl legen und goldbraun frittieren, dabei mithilfe eines Schaumlöffels wenden. Küchenpapier auf einen Teller legen, den Tofu aus der Pfanne heben und das Fett darauf abtropfen lassen. Die Scheiben eventuell halbieren.

Je 1–2 Salatblätter als Garnitur an den Rand einer Salatschüssel legen und den Algensalat auf die Schüsseln verteilen. Den Tofu auf dem Salat anrichten und mit Sesamkörnern bestreut servieren.

THAI-SALAT MIT GLASNUDELN UND STEAK

Folgen Sie uns auf eine kulinarische Reise nach Thailand! Diesen üppigen frischen Salat können Sie ohne Weiteres zu einem Abendessen reichen, aber auch als Vorspeise oder für ein Buffet ist er perfekt.

---

2 PORTIONEN

200 g Glasnudeln
10 Cocktailtomaten, halbiert
1 kleine rote Zwiebel, in schmale Ringe geschnitten
½ Gurke, in dünne Stifte geschnitten
3 EL Koriandergrün, frisch gehackt
3 EL Minzblätter, gehackt
100 g gemischte Blattsalate
200–250 g temperiertes Rindersteak (Roastbeef oder Entrecôte)
Salz und frisch gemahlener Pfeffer
1 EL Öl

Dressing

½ frische Chili, entkernt und in dünne Scheiben geschnitten
1–2 Knoblauchzehen, gepresst
1 EL Koriandergrün, frisch gehackt
1 TL Agavendicksaft oder Honig
2 EL Fischsauce oder Tamari
Saft einer ½ Limette
3 EL Oliven- oder Erdnussöl

Zum Garnieren

Koriandergrün oder frische Minze
schwarze Sesamsaat

Die Glasnudeln nach Packungsanleitung kochen, kalt abspülen und abtropfen lassen.

Gemüse und Kräuter für den Salat mischen, dann vorsichtig mit den Nudeln vermengen. Auf einer Servierplatte ein Bett aus Salat anrichten. Die Gemüse-Nudel-Mischung darauf verteilen. Das Dressing aus den angegebenen Zutaten mischen und abschmecken.

Das Fleisch auf beiden Seiten salzen und pfeffern. Das Öl in einer Bratpfanne erhitzen und das Fleisch darin von beiden Seiten 2–3 Minuten oder nach Bedarf länger braten, je nach Dicke der Scheibe und bevorzugter Garstufe. In Alufolie wickeln und einige Minuten ruhen lassen.

Das Fleisch in dünne Scheiben schneiden und auf dem Salat anrichten. Koriandergrün, Minze und schwarze Sesamkörner darüberstreuen. Nach Belieben mit Dressing überträufeln.

GRUNDREZEPT PIZZA

Einfach und lecker – alle mögen Pizza! Der Belag lässt sich unendlich variieren. Warum nicht den Boden mit den Resten von gestern belegen und dabei einen neuen Favoriten entdecken? Haben Sie unsere beiden Grundrezepte erst einmal probiert, werden Sie nach der Arbeit oder dem Kinobesuch nie mehr fertige Pizza nach Hause bestellen wollen!

HELLER PIZZATEIG

Ein heller Pizzaboden, der zu jedem Belag passt und bei Groß und Klein beliebt ist.

4 MITTLERE ODER 8 MINI-PIZZEN

15 g Hefe
450 ml handwarmes Wasser
1 Ei
1 EL Olivenöl
75 g Maismehl
110 g Reismehl
100 g Buchweizenmehl
100 g Kartoffelmehl
20 g feines Flohsamenschalenpulver (a. Psylliumsamenschalenpulver, z. B. FiberHusk)
1 TL Salz
Reis- oder Maismehl zum Bestäuben

Die Hefe im Wasser auflösen, gut umrühren. Dann Ei und Olivenöl hinzufügen und alles zusammen aufschlagen. Die trockenen Zutaten in einer Schüssel abwiegen und mischen, dann in die Hefelösung einrühren, alles gründlich zu einem glatten Brei verarbeiten. 45–50 Minuten gehen lassen. Der Brei wird nach und nach zu einem Teig von formbarer Konsistenz aufquellen. Falls er etwas klebrig erscheint, ist das in Ordnung, das Kneten erübrigt sich hier.

Den Teig auf eine mit Reis- oder Maismehl gut bestäubte Arbeitsfläche stürzen und in 4 bzw. 8 Stücke aufteilen, je nach gewünschter Pizzagröße. Die Böden vorsichtig und mit viel Mehl ausrollen. Auf ein mit Backpapier ausgelegtes Blech heben und unter einem sauberen Geschirrtuch 35 Minuten an einem warmen Ort gehen lassen. Den Backofen auf 250 °C vorheizen. Die Böden nach Wunsch belegen und die Pizzen ca. 12 Minuten im Ofen backen.

VOLLKORN-PIZZATEIG

Ein besonders dunkler, rustikaler Pizzaboden aus Zuckerrübenfaser und proteinreichem Teffmehl.

4 MITTLERE ODER 8 MINI-PIZZEN

15 g Hefe
475 ml Wasser
1 EL Olivenöl
35 g Zuckerrübenfaser (z. B. Fibrex)
15 g feines Flohsamenschalenpulver (a. Psylliumsamenschalenpulver, z. B. FiberHusk)
200 g Teffmehl
1 TL Salz
Reis- oder Maismehl zum Bestäuben

Die Hefe im Wasser auflösen, das Öl hinzufügen und alles gut mischen. Alle trockenen Zutaten in einer Schüssel abwiegen und mischen, dann in die Hefelösung einrühren und alles gründlich vermengen. Der Teig muss nicht geknetet werden. Er darf etwas klebrig sein und quillt allmählich auf. 45–50 Minuten gehen lassen.

Den Teig auf eine mit Reis- oder Maismehl gut bestäubte Arbeitsfläche stürzen und in 4 bzw. 8 Stücke aufteilen, je nach gewünschter Pizzagröße. Die Böden vorsichtig und mit viel Mehl ausrollen. Auf ein mit Backpapier ausgelegtes Blech heben, ein sauberes Geschirrtuch darüberbreiten und 35 Minuten an einem warmen Ort gehen lassen. Den Backofen auf 250 °C vorheizen. Die Böden nach Wunsch belegen und die Pizzen ca. 12 Minuten im Ofen backen.

VORSCHLÄGE FÜR BELÄGE

- Pizza Prosciutto – 1 Rezept Tomatensauce (s. Rezept S. 23), 150 g Prosciutto, 400 g Mozzarella, einige Basilikumblättchen.
- Pizza Funghi – 1 Rezept Tomatensauce, 200 g Pilze in Scheiben (z. B. Portobello- oder Waldchampignons), 400 g Mozzarella, frische Kräuter oder Rucola.
- Pizza mit Oliven und Rucola – 1 Rezept Tomatensauce, 400 g Mozzarella, 2 Handvoll schwarze Oliven, 2 Handvoll Rucola, 50 g Pinienkerne.

GRUNDREZEPT TARTE UND PIE

Pies und Tartes sind leicht zu backen und für Alltag und Fest gleichermaßen geeignet. Perfekt sind sie außerdem für Buffets, denn die Füllung lässt sich nach Herzenslust variieren und jeder Gelegenheit anpassen. Auch als Hauptspeise mit einem grünen Salat oder als Suppenbeilage kann man sie servieren. Unsere beiden Grundrezepte ergeben jeweils Tartes und Pies von 6–8 Portionen.

GRUNDTEIG FÜR TARTES UND PIES

100 g Reismehl
50 g Maisstärke
50 g Maismehl
50 g Durramehl
1 TL Xanthan
1 TL Salz
100 g Butter
1 Ei
1–2 EL kaltes Wasser
evtl. Mehl zum Ausrollen

Alle trockenen Zutaten in einer Schüssel abwiegen und mischen. Die Butter in kleine Stücke schneiden und daraufgeben. Die Butter und das Mehl mit den Händen oder in der Küchenmaschine zu einer krümeligen Masse verkneten, dann mit dem Ei und Wasser schnell zu einem Teig weiterverarbeiten. Den Teig ausrollen und eine Springform (24 cm Durchmesser) damit auslegen oder alternativ den Teig mit den Händen in die Form drücken, dabei jeweils einen Rand formen. Den Boden mit einer Gabel mehrmals einstechen und 30 Minuten im Kühlschrank ruhen lassen. Den Backofen auf 200 °C vorheizen. Den Boden auf der mittleren Schiene des Ofens 15 Minuten vorbacken.

GRUNDTEIG MIT KICHERERBSENMEHL

125 g Kichererbsenmehl
100 g Vollkorn-Reismehl
1 TL Xanthan
½ TL Salz
100 g Butter
1 Ei
evtl. Mehl zum Ausrollen

Alle trockenen Zutaten in einer Schüssel abwiegen und mischen. Die Butter in kleine Stücke schneiden und daraufgeben. Die Butter und das Mehl mit den Händen oder in der Küchenmaschine zu einer krümeligen Masse verkneten, dann mit dem Ei schnell zu einem Teig weiterverarbeiten. Den Teig ausrollen und eine Springform (24 cm Durchmesser) damit auslegen oder alternativ den Teig mit den Händen in die Form drücken, dabei jeweils einen Rand formen. Den Boden mit einer Gabel mehrmals einstechen und 30 Minuten im Kühlschrank ruhen lassen. Den Backofen auf 200 °C vorheizen. Den Boden auf der mittleren Schiene des Ofens 15 Minuten vorbacken.

GRÜNKOHLTARTE MIT WALNÜSSEN UND KÄSE

Diese schöne, rustikale Tarte aus Kichererbsenmehl und einer Füllung aus Grünkohl und Walnüssen ist ein angenehm sättigendes, protein- und nährstoffreiches vegetarisches Gericht.

6–8 PORTIONEN

1 Rezept Grundteig mit Kichererbsenmehl (s. S. 61)
150 g Grünkohl
Salz
1 EL Butter oder Olivenöl
1 große Zwiebel, fein gehackt
80 g Walnüsse, gehackt
100 ml Milch
200 g Sahne
3 Eier
frisch gemahlener schwarzer Pfeffer
100 g pikanter Käse, gerieben

Den Tarteboden nach Rezept zubereiten und vorbacken.

In der Zwischenzeit die Grünkohlblätter waschen, von den Stielen streifen und 5 Minuten in gut gesalzenem Wasser bissfest garen, abgießen. Das Wasser aus den Blättern drücken. Den Kohl hacken.

Die Butter oder das Olivenöl in einer Pfanne erhitzen und die Zwiebel darin farblos anschwitzen. Die Pfanne vom Herd nehmen und den gehackten Kohl dazugeben, untermischen.

Die Grünkohlmischung auf dem Boden verteilen und mit den gehackten Walnüssen bestreuen. Milch, Sahne, Eier, 1 TL Salz und Pfeffer miteinander verquirlen und über die Füllung gießen. Mit dem geriebenen Käse bestreuen. Die Tarte auf der mittleren Schiene des Ofens bei 200 °C etwa 25–35 Minuten backen.

»Tartes und Pies sind für Buffets perfekt, denn ihre Füllung lässt sich nach Herzenslust variieren.«

TOMATENTARTE MIT BASILIKUM

Besonders fein wird diese Tarte mit kleinen Cocktailtomaten. Dann lässt sie sich auch wunderbar in kleine Portionsformen aufgeteilt backen.

6–8 PORTIONEN

1 Rezept Grundteig mit Kichererbsenmehl (s. S. 61)
100 ml Milch
200 g Sahne
3 Eier
Salz und frisch gemahlener schwarzer Pfeffer
100 g geriebener Käse oder 150 g Mozzarella, in Streifen
20–25 Cocktailtomaten, halbiert
evtl. 25 schwarze Oliven ohne Kern
12–15 Basilikumblättchen

Den Tarteboden nach Rezept zubereiten und vorbacken.

Inzwischen Milch, Sahne und Eier miteinander verrühren, mit Salz und Pfeffer abschmecken. Den geriebenen Käse bzw. die Mozzarellastreifen hineinrühren und die Mischung auf den Tarteboden gießen. Cocktailtomaten, Oliven und Basilikumblättchen hineinlegen.

Die Tarte auf der mittleren Schiene des Ofens bei 200 °C backen. Die Tarte ist – je nach gewählter Formgröße – nach 20–35 Minuten fertig gebacken bzw. wenn die Füllung auch in der Mitte vollständig gestockt ist.

TOMATENTARTE
MIT BASILIKUM
FRÜHLINGS-TARTE
MIT SPARGEL
SCHWEDISCHE KÄSETARTE
HERBST-TARTE
MIT PILZEN

FRÜHLINGS-TARTE MIT SPARGEL

Genießen Sie den ersten Spargel des Jahres in einer herrlich herzhaften Tarte! Backen Sie kleine Tartes in Portionsformen für einen Brunch oder als Suppenbeilage.

6–8 PORTIONEN

1 Rezept Grundteig für Tartes und Pies (s. S. 61)
10 Stangen grüner Spargel
20 g Butter
3 Eier
100 ml Milch
200 g Sahne
Salz und frisch gemahlener schwarzer Pfeffer
100 g geriebener Käse

Den Tarteboden nach Rezept zubereiten und vorbacken.

In der Zwischenzeit den Spargel putzen, dabei gegebenenfalls holzige Enden abschneiden. Die Butter in einer Pfanne zerlassen, den Spargel darin bei mittlerer bis starker Hitze leicht bräunen. Eier, Milch und Sahne miteinander verquirlen, mit Salz und Pfeffer würzen. Den geriebenen Käse hineinrühren und die Mischung auf den Boden gießen. Den Spargel hineinlegen.

Die Tarte auf der mittleren Schiene des Ofens bei 200 °C backen. Die Tarte ist – je nach gewählter Formgröße – nach 20–35 Minuten fertig bzw. wenn die Füllung auch in der Mitte vollständig gestockt ist.

SCHWEDISCHE KÄSETARTE

Kein Mittsommerfest ohne den Klassiker: »Västerbottenpaj«! Die Tarte mit dem würzigen Käse aus dem hohen Norden fehlt natürlich auch beim Krebsfest im Spätsommer nicht ...

6–8 PORTIONEN

1 Rezept Grundteig für Tartes und Pies (s. S. 61)
3 Eier, 100 ml Milch, 200 g Sahne
Salz und frisch gemahlener schwarzer Pfeffer
225 g Västerbotten-Käse oder anderer würziger Hartkäse (z. B. Greyerzer), gerieben
einige Stängel Dill

Den Tarteboden nach Rezept zubereiten und vorbacken.

In der Zwischenzeit die Eier, Milch und Sahne miteinander verquirlen, mit Salz und Pfeffer würzen. Den geriebenen Käse hineinrühren und die Mischung auf den Boden gießen.

Die Tarte auf der mittleren Schiene des Ofens bei 200 °C backen. Die Tarte ist – je nach gewählter Formgröße – nach 20–35 Minuten fertig bzw. wenn die Füllung auch in der Mitte vollständig gestockt ist.

Mit dem Dill garnieren.

HERBST-TARTE MIT PILZEN

Die Schätze des Waldes veredeln jedes Tarte-Rezept. Für dieses können Sie Ihren persönlichen Lieblingspilz wählen oder verschiedene Sorten mischen.

6–8 PORTIONEN

- 1 Rezept Grundteig für Tartes und Pies (s. S. 61)
- 200 g Pilze der Saison, in Scheiben geschnitten (z. B. Pfifferlinge, Champignons, Portobello)
- 2 EL Butter oder Olivenöl
- 3 Eier
- 100 ml Milch
- 200 g Sahne
- Salz und frisch gemahlener schwarzer Pfeffer
- 100 g geriebener Käse

Den Tarteboden nach Rezept zubereiten und vorbacken.

Während der Tarteboden im Backofen ist, die Pilze unter Rühren bei mittlerer Hitze in einer trockenen Pfanne anbraten, bis kein Pilzwasser mehr austritt und die letzte Feuchtigkeit vollständig verkocht ist. Butter oder Olivenöl dazugeben. Weiterbraten, bis die Pilze etwas Farbe angenommen haben, dann auf den Boden geben. Eier, Milch und Sahne miteinander verquirlen, mit Salz und Pfeffer würzen. Den geriebenen Käse hineinrühren und die Mischung über die Pilze gießen.

Die Tarte auf der mittleren Schiene des Ofens bei 200 °C backen. Die Tarte ist – je nach gewählter Formgröße – nach 20–35 Minuten fertig bzw. wenn die Füllung auch in der Mitte vollständig gestockt ist.

TIPP! Tartes und Pies sind immer gut, wenn man viele Gäste erwartet, und passen zu allen Anlässen – ob Brunch, Studentenparty oder Gartenfest. Sie sättigen gut, sind leicht vorzubereiten und lassen sich auch noch einfrieren: Wenn es an Muße oder Ideen fehlt, ist eine Tarte im Gefrierschrank wie ein Ass im Ärmel!

EMPANADAS

Die Empanada ist die feurige lateinamerikanische Verwandte der europäischen Pirogge, beide sind mittlerweile nahezu weltweit verbreitet und als Vorspeise beliebt – also perfekt für Buffet, Reiseproviant oder Mittagssnack. Kochen Sie unsere Empanadas nach oder füllen Sie die mürben Teigtaschen individuell nach Ihren Vorlieben.

20–25 EMPANADAS

200 g Durramehl
100 g Maismehl
100 g Reismehl
2 TL Backpulver
20 g feines Flohsamenschalenpulver (a. Psylliumsamenschalenpulver, z. B. FiberHusk)
1 TL Salz
175 g Butter
evtl. Mehl zum Ausrollen

Füllung
4 EL Olivenöl
2 kleine Zwiebeln, fein gehackt
1 kleine grüne Paprika, fein gehackt
1 Jalapeño oder spanische Chili, fein gehackt
500 g Hackfleisch oder gekochte schwarze Bohnen
2 TL Kreuzkümmel
½ TL Chilipulver
Salz und frisch gemahlener Pfeffer
3 große Tomaten, gehackt

Zum Bepinseln
Milch oder Wasser
1 verquirltes Ei

In einer Schüssel die trockenen Zutaten für den Teig abwiegen und mischen. Die Butter in kleine Stücke schneiden und in die Mehlmischung einkneten. 350 ml Wasser abmessen und hineinrühren. Das Ganze sorgfältig zu einem glatten Teig verarbeiten. Beiseitestellen und etwa 10 Minuten ruhen lassen.

Den Teig – je nach gewünschter Größe der Teigtaschen – in 20–25 Stücke aufteilen, zu Kugeln formen und sie auf einer eventuell leicht bemehlten Arbeitsfläche gleichmäßig rund und dünn ausrollen.

Für die Füllung das Olivenöl in einer Pfanne erhitzen. Zwiebeln, Paprika, Jalapeño bzw. Chili und Hackfleisch oder Bohnen darin bei mittlerer Hitze unter Rühren gut anbraten, bis die Zwiebeln goldgelb sind und das Hackfleisch leicht angeröstet ist. Mit Kreuzkümmel, Chili, Salz und Pfeffer würzen. Die gehackten Tomaten hinzufügen und unter Rühren ca. 10 Minuten mitgaren, bis sie zerfallen sind und der Großteil der Flüssigkeit verkocht ist. Nochmals abschmecken.

Den Backofen auf 200 °C vorheizen. Ein Backblech mit Backpapier auslegen. Etwa 2 EL Füllung auf jede Teigscheibe setzen. Die Kanten mit Milch oder Wasser bepinseln und jede Scheibe zum Halbmond schließen. Den Rand mit einer Gabel zusammendrücken oder mit den Fingern dekorativ umschlagen. Auf das Blech geben und mit dem verquirlten Ei bestreichen. Alle Teigstücke auf diese Weise verarbeiten.

Die Empanadas auf mittlerer Schiene ca. 20 Minuten backen, dabei im Auge behalten: Wenn die Teigtaschen eine goldbraune Farbe haben, sind sie fertig.

DUMPLINGS

Diese asiatischen Häppchen können entweder gedämpft oder gebraten werden. Eine tolle Beilage zu klaren Suppen wie Misosuppe.

CA. 30 STÜCK

95 g Tapiokastärke
95 g Hirsemehl
120 g Reismehl + Mehl zum Formen
10 g Xanthan
ca. 350 ml heißes Wasser
Öl zum Braten

Gemüsefüllung
2 Knoblauchzehen, gepresst
5 cm Ingwer, gerieben
½ Chili, fein gehackt
400 g gemischtes Gemüse, fein zerkleinert o. geraspelt (z. B. Lauch, Weißkohl, Frühlingszwiebel, Karotten)
4 EL Öl
2 EL Sesamöl
2 EL Reisessig
2 EL Tamari
1 TL Salz

Hähnchenfüllung
statt des gemischten Gemüses 400 g Hähnchenfilet verwenden

Dip
100 ml Tamari
50 ml Reisessig
2 EL Sesamsaat
einige Tropfen Sesamöl

In einer Schüssel alle trockenen Zutaten für den Teig abwiegen und mischen. Das heiße Wasser einrühren und alles zügig zu einem geschmeidigen Teig verkneten. Falls er zu trocken wirkt, 1–2 EL kaltes Wasser einarbeiten. Den Teig in Frischhaltefolie wickeln und bei Zimmertemperatur mindestens 15 Minuten ruhen lassen.

Die Zutaten für die Gemüsefüllung in einer großen Schüssel mischen. Für die Hähnchenfüllung alle Zutaten in einem Zerkleinerer, Mixer oder in einer Küchenmaschine mit Messereinsatz fein häckseln; es soll kein Püree entstehen.

Den Teig vierteln, drei Stücke unter einem feuchten Tuch beiseitelegen, das vierte zu einer 2 cm dicken Rolle formen (etwas Reismehl hinzunehmen, falls der Teig zu klebrig ist). 8 gleich große Stücke abstechen und auf ca. 8 cm Durchmesser rund ausrollen. Jeden Teigkreis auf einer Hälfte mit ca. 2 TL Füllung belegen und zum Halbmond schließen. Die Kanten sorgfältig andrücken, ohne Luft einzuschließen, und mit einem hübschen Muster versehen. Falls der Rand nicht gut schließt, mit etwas kaltem Wasser »zukleben«. Der fertige Dumpling soll eine leicht gebogene Form haben. Alle Teigstücke auf diese Weise verarbeiten.

Öl in einer Pfanne erhitzen und die Dumplings bei mittlerer bis starker Hitze in mehreren Partien darin bräunen. So viel Wasser angießen, dass es ca. ½ cm hoch in der Pfanne steht. Mit geschlossenem Deckel 5–10 Minuten kochen lassen, dann die Päckchen herausnehmen und auf Teller legen. Die Zutaten für den Dip in einer Schale mischen und zu den Dumplings reichen.

GALETTE MIT TOMATEN UND PARMESAN

Diese elegante Galette zergeht auf der Zunge: Der Teig ist mürbe und mit Parmesan gewürzt! Wunderbar als Appetizer zu einem guten Tropfen vor dem Essen, als leckerer Beitrag zum Buffet – aber auch zu Gegrilltem und Salat!

---

1 GROSSE GALETTE, 2–4 PORTIONEN

100 g Maismehl
100 g Reismehl
15 g feines Flohsamenschalenpulver (a. Psylliumsamenschalenpulver, z. B. FiberHusk)
1 TL Salz
1 TL Backpulver
⅔ TL schwarzer Pfeffer
100 g Butter
40 g Parmesan, gerieben

Belag
4 mittelgroße Tomaten, in Scheiben geschnitten
1 kleine Zwiebel, in schmale Ringe geschnitten
30 g Parmesan, gerieben
2 TL Thymianblättchen, frisch gezupft
½ TL Salz
1 Ei

In einer großen Schüssel alle trockenen Zutaten für den Teig abwiegen und mischen. Die Butter in kleinen Flöckchen unter die Mehlmischung geben und einarbeiten. Parmesan und 200 ml kaltes Wasser einrühren und alles mit einer Gabel zu einem Teig verarbeiten. Den Teig zu einer Kugel formen, in Frischhaltefolie wickeln und ca. 30 Minuten in den Kühlschrank legen.

Den Backofen auf 200 °C vorheizen. Den Teig direkt auf einem Bogen Backpapier rund ausrollen, bis er fast an die langen Seiten des Papiers heranreicht. Das Ganze auf ein Backblech heben.

Tomaten, Zwiebel, Parmesan, Thymian und Salz vermischen und gleichmäßig auf dem Teigboden verteilen, dabei einen Rand von 7–8 cm frei lassen. Den Rand nach innen über die Füllung schlagen. Das Ei mit 1 EL Wasser verquirlen und den Rand damit bestreichen.

Die Galette 30–40 Minuten im Ofen backen bzw. bis die Kruste goldbraun und knusprig ist. Noch warm oder auf Zimmertemperatur abgekühlt servieren, dazu in schmale Tortenstücke schneiden.

BLINI

Bieten Sie Ihren Gästen einen echten russischen Klassiker an: Ob zur Begrüßung als Starter gereicht oder auf einem Buffet präsentiert, diese kleinen Buchweizenküchlein schmeicheln jedem Gaumen.

CA. 20 STÜCK

300 ml Milch
25 g Hefe
110 g Buchweizenmehl
50 g Vollkorn-Reismehl
2 Eier
1 Prise Salz
50 g Butter

Zum Servieren
80 g Müritzkaviar (Maränenrogen) oder Forellenkaviar
200 ml Smetana (russischer Lebensmittelhandel) oder Schmand
1 kleiner Bund Schnittlauch, gehackt
1 kleiner Bund frischer Dill

Die Milch auf 37 °C erwärmen. Hefe in eine Schüssel krümeln, die Milch darübergießen und umrühren, bis sich die Hefe aufgelöst hat. Beide Mehlsorten hinzufügen. Mit dem Schneebesen einen glatten Brei herstellen. Die Eier trennen. Eigelb und Salz in den Teig einrühren und ihn unter einem sauberen Tuch 40 Minuten gehen lassen.

Die Butter schmelzen und abkühlen lassen. Das Eiweiß steif schlagen, dabei zum Schluss die flüssige Butter hineinlaufen lassen. Diese Mischung vorsichtig unter den aufgegangenen Teig heben, dabei versuchen, möglichst viel Eischnee zu erhalten.

Den Teig bei mittlerer Hitze in einer Blinipfanne ausbacken. Die Küchlein wenden, damit beide Seiten gebräunt werden. Mit Kaviar, einem Klecks Smetana bzw. Schmand, gehacktem Schnittlauch und jeweils einem kleinen Zweig Dill anrichten und sofort servieren.

WUSSTEN SIE, DASS …

… *Smetana* die russische bzw. auch tschechische oder finnische Variante von *Crème fraîche* bezeichnet, also eine saure Sahne mit hohem Fettgehalt, die von unpasteurisierter, eingedickter Milch geschöpft wird?

BUCHWEIZENGALETTES

Diese Buchweizenpfannkuchen werden in Frankreich seit Jahrhunderten serviert. Sie eignen sich perfekt zum Brunch, als Mittagsimbiss oder einfaches Abendessen.

4 PORTIONEN

1 großes Ei
275 g Buchweizenmehl
2 TL Salz
2–3 EL Butter zum Braten

Füllung
4 Eier
200 g Schinkenscheiben
200 g geriebener Käse nach Wahl
nach Belieben Kräuter zum Bestreuen

800 ml Wasser abmessen und in einer Schüssel mit dem Ei und Buchweizenmehl verquirlen. Das Salz hinzufügen und alles mit den Schneebesen des Handrührgeräts zu einem glatten Teig aufschlagen, wie von gewöhnlichem Pfannkuchenteig gewohnt. Das Gefäß abdecken und mindestens 30 Minuten kalt stellen, gerne auch über Nacht.

Vor dem Backen den Teig noch einmal aufschlagen, falls sich das Mehl abgesetzt hat. Die Galettes bei mittlerer Hitze in Butter ausbacken.

Danach vier Spiegeleier braten. Jeden Pfannkuchen mit Schinken und einem Ei belegen, den Rand umschlagen und mit geriebenem Käse bestreuen. Nach Belieben mit Kräutern bestreuen und sofort servieren.

SCHWEDISCHE KÄSEMUFFINS

Ein schönes Detail zum Brunch oder im Picknickkorb. »Västerbottenmuffins« sind die unkomplizierte Fingerfood-Variante der beliebten schwedischen Klassiker, denen die legendäre Käsespezialität aus dem Süden Lapplands Namen und Würze verleiht.

10–12 STÜCK

100 g Butter + etwas Butter für die Form
3 Eier
170 ml Milch oder Pflanzenmilch
200 g Quark
85 g Kokosmehl
1½ TL Backpulver
Salz und frisch gemahlener schwarzer Pfeffer
100 g Västerbotten-Käse oder anderer würziger Hartkäse (z. B. Greyerzer), gerieben
evtl. Reismehl für die Form

Den Backofen auf 200 °C vorheizen und ein Muffinblech vorbereiten: In die Mulden des Blechs entweder Papierförmchen setzen oder mit Butter fetten und mit Reismehl ausstreuen.

Die Butter zerlassen. Eier, Milch und Quark verquirlen, die flüssige Butter unter fortgesetztem Schlagen einlaufen lassen. Mehl, Backpulver, Salz und Pfeffer in die Eimischung einrühren, zum Schluss den geriebenen Käse.

Jedes Förmchen bzw. jede Mulde zu ¾ mit Teig füllen. Die Muffins ca. 15 Minuten im vorgeheizten Ofen backen.

PAKORAS

Sie machen einfach süchtig: Pakoras, die frittierten Snacks aus Indien, gehören zu unseren Favoriten. Man kann sie wunderbar als Häppchen zum Aperitif oder zur Vorspeise reichen.

CA. 20 STÜCK

2–3 Kartoffeln, geschält und grob gerieben
1–2 grüne Chilischoten, fein gehackt
15 g Koriandergrün, frisch gehackt
200 g frischer Blattspinat, gehackt
1–2 Karotten, grob geraspelt
1 große Zwiebel, in feine Streifen geschnitten
1½ TL Fenchelsaat
1½ TL getrockneter Koriander
1 TL Kurkuma (Gelbwurz)
1 EL Garam Masala
1 TL Salz
150 g Kichererbsenmehl
ca. 1 l Sonnenblumenöl zum Frittieren

Grünes Chutney
5 g frische Korianderblättchen
5 g frische Minzblätter
½ kleine Zwiebel, grob gehackt
4 Knoblauchzehen, abgezogen
2 cm frischer Ingwer, gerieben
nach Belieben 1 grüne Chili
2 EL Zitronensaft
3 EL Wasser
Salz

Joghurtsauce
250 g Joghurt
1½ EL Honig
1 Prise Salz
2 EL frisches Koriandergrün, gehackt

Mit den Dips beginnen. Für das grüne Chutney alle Zutaten zusammen zu einer glatten Sauce pürieren, die etwa die Konsistenz eines Pestos hat. Dann alle Zutaten für die Joghurtsauce miteinander verrühren. Beide Dips bis zum Servieren kalt stellen.

Für die Pakoras alle Zutaten bis auf das Kichererbsenmehl in einer Schüssel mischen. Dann das Mehl hinzufügen und gut einarbeiten, bis es alle Gemüsestückchen umhüllt. Bei Bedarf mehr Kichererbsenmehl verwenden. Nach und nach etwas Wasser dazugeben und mit der Hand einarbeiten, bis das Mehl am Gemüse haftet und sich aus einer kleinen Handvoll Gemüse-Teig eine Portion formen lässt.

Das Öl in einer Pfanne mit hohem Rand erhitzen. Das Öl ist heiß genug, wenn es um einen probeweise hineingehaltenen Holzlöffel herum kräftig sprudelt. Mit den Händen kleine Teigportionen von ungefähr 2 EL Größe formen, in das heiße Öl legen und in 3–5 Minuten goldbraun frittieren.

Küchenpapier auf einen Teller legen. Die frittierten Pakoras aus der Pfanne heben und auf dem Papier abtropfen lassen. Mit dem grünen Chutney und der Joghurtsauce servieren.

FISH & CHIPS

Der englische Street-Food-Klassiker, der schnell zum Familienliebling avancierte. Lecker im Alltag oder in zwangloser Runde mit Freunden.

---

4 PORTIONEN

3 große Kartoffeln
300 g Reismehl
1 EL Backpulver
Salz
½ TL frisch gemahlener schwarzer Pfeffer
33 cl Sodawasser oder glutenfreies helles Lagerbier (s. Kasten S. 98)
1 großes Ei
100 g Reismehl zum Mehlieren
600 g Kabeljau- oder Schellfischfilets, jeweils quer halbiert
ca. 1½ l Pflanzenöl zum Frittieren

Sauce tartare
200 ml selbst gemachte Mayonnaise (s. Rezept S. 93)
6–8 Cornichons, fein gehackt
1 EL Kapern, fein gehackt
½ EL frische Petersilie, fein gehackt
2 EL Schalotten, fein gehackt
1 TL Dijon-Senf
Salz und frisch gemahlener Pfeffer

Für die Sauce alle Zutaten in einer kleinen Schale vermischen. Mit Salz und Pfeffer abschmecken.

Die Kartoffeln schälen, in ca. 1 cm dicke bzw. fingerdicke Stifte schneiden. Für etwa 1 Stunde in kaltes Wasser legen. Nach dem Abgießen auf einem Geschirrtuch trocknen lassen. In einer Fritteuse, einer Pfanne mit hohem Rand oder einem großen Kochtopf mit schwerem Boden ca. 1½ l Öl erhitzen. Einen Holzlöffel hineinhalten, um zu prüfen, ob das Öl heiß genug ist: Es soll kräftig sprudeln, aber nicht rauchen. Etwa 1–2 Portionen Kartoffelstifte für 2–3 Minuten vorfrittieren bzw. bis die Kartoffeln eine schöne, zart goldene Hülle haben, dann mit einem Schaumlöffel herausheben und auf einem Teller mit Küchenpapier abtropfen lassen. Mit den restlichen Kartoffelstiften ebenso verfahren.

Mehl, Backpulver, 3 TL Salz und Pfeffer in einer großen Schüssel mischen. Sodawasser oder glutenfreies Bier hineingießen und alles mit dem Ei zu einem glatten Teig verquirlen. Das Reismehl auf einen Teller geben. Die Fischstücke darin wenden, dann in den Teig tauchen und abtropfen lassen.

Den Fisch vorsichtig in das heiße Frittierfett gleiten lassen, sodass jeweils das ganze Stück bedeckt ist, und 5–7 Minuten frittieren bzw. bis der Teigmantel knusprig und goldbraun ist. Nach der Hälfte der Zeit wenden. Den Fisch herausnehmen, zum Abtropfen auf einen Teller mit Küchenpapier legen und leicht salzen.

Die Pommes frites vor dem Servieren noch einmal für ca. 1 Minute frittieren, um sie aufzuwärmen und schön knusprig zu backen. Wiederum auf Küchenpapier abtropfen lassen. Salzen.

Der Fisch kann stilecht in ein Stück Papier gewickelt mit den Chips und der Sauce tartare serviert werden.

HOT DOG MIT SAUERKRAUT

Hier kommt ein Rezept für saftige Hot-Dog-Brötchen, dazu selbst gemachtes Sauerkraut für das gewisse Etwas. Ursprünglich legte man Gemüse sauer ein, um es konservieren und lagern zu können. Doch die Bakterienkulturen in gesäuertem Gemüse bewirken auch für unser Immunsystem wahre Wunder.

CA. 12 STÜCK

25 g Hefe
50 ml Olivenöl
2 Eiweiß
3 EL flüssiger Honig
2½ TL Salz
1 EL Essig
150 g Durramehl
200 g Vollkorn-Reismehl
100 g Buchweizenmehl
100 g Maisstärke
12 g Xanthan
25 g feines Flohsamenschalenpulver (a. Psylliumsamenschalenpulver, z. B. FiberHusk)
Wurst nach Belieben

Sauerkraut
1 kleiner Kopf Weißkohl (ca. 700 g)
1 EL Salz
evtl. 2 TL ganzer Kümmel

Teige mit Xanthan müssen entweder in einer Küchenmaschine mit Schlagbesen hergestellt oder mit dem Handrührgerät gequirlt werden, sonst erhält man keine glatte, klumpfreie Masse. 750 ml handwarmes Wasser, Hefe und Olivenöl mit Eiweiß und Honig verquirlen, schließlich Salz und Essig dazugeben. Die Mehle und Bindemittel abwiegen und mischen, dann zügig in die Hefemischung einarbeiten und alles in ca. 3 Minuten zu einem glatten, klebrigen Teig verschlagen. Den Teig 45–60 Minuten gehen lassen, dann mit angefeuchteten Händen zu 12 länglichen Buns formen – nicht kneten, sondern versuchen, möglichst viele Luftbläschen im Teig zu erhalten. Die Buns auf ein mit Backpapier ausgelegtes Backblech legen. Nochmals ca. 30 Minuten gehen lassen.

Den Backofen auf 225 °C vorheizen und die Buns ca. 18–20 Minuten backen. Aus dem Ofen nehmen und auf einem Gitter vollständig abkühlen lassen. Jeweils mit einer Wurst nach Wahl und Sauerkraut servieren.

Wer eigenes Sauerkraut servieren möchte, muss bedenken, dass es zunächst 12–13 Tage gestanden haben muss. Den Weißkohl zerteilen, vom Strunk befreien und in sehr feine Streifen hobeln. Den Kohl in ein großes Gefäß geben. Salz und eventuell etwas Kümmel untermischen. Den Kohl kräftig mit den Händen kneten und mit der Faust im Gefäß nach unten drücken: Die dabei austretende Flüssigkeit soll den Kohl schließlich bedecken. Bei Bedarf etwas Wasser (ca. 50 ml) zugeben. Den Kohl auf Schraubgläser verteilen, kräftig zusammenpressen und wieder unter die Flüssigkeitsoberfläche drücken. Die Gläser bei Zimmertemperatur 2–3 Tage stehen lassen, dann weitere 10 Tage bei 15–18 °C. Im Kühlschrank hält sich das fertige Sauerkraut einen Monat.

FEINE HAMBURGER-BUNS

Diese Brötchen eignen sich für Hamburger jeder Art.

10–15 STÜCK

25 g Hefe
2 EL Olivenöl
2 EL Honig
175 g Reismehl
150 g Maisstärke
125 g Durramehl
50 g Maismehl
25–30 g feines Flohsamenschalenpulver (a. Psylliumsamenschalenpulver, z. B. FiberHusk)
1½ TL Salz
Sesamsaat zum Bestreuen

Die Hefe mit 650 ml handwarmem Wasser, Olivenöl und Honig mit dem Schneebesen des Handrührgeräts in einer Schüssel oder in der Küchenmaschine mit eingesetztem Schlagbesen anrühren. Alle trockenen Zutaten zügig mit dem Hefeansatz verquirlen, dann in etwa 3 weiteren Minuten zu einem glatten, klebrigen Teig rühren. Den Teig 60–75 Minuten gehen lassen, bis sich sein Volumen um etwa 50 % vergrößert hat.

Den Teig in 10–15 Portionen teilen und mit angefeuchteten Händen ohne Kneten Brötchen daraus formen. Diese auf ein mit Backpapier versehenes Backblech legen und mit den Händen etwas flach drücken. Mit Sesamsaat bestreuen. Weitere 35 Minuten gehen lassen, bis sich das Volumen um etwa 30 % vergrößert hat.

Den Backofen auf 225 °C stellen. Die Buns auf der mittleren Schiene ca. 20 Minuten backen. Herausnehmen und auf einem Gitter ganz auskühlen lassen.

TIPP! Ebenso gut als Frühstücksbrötchen geeignet.

RUSTIKALE HAMBURGER-BUNS

Saftige Vollkornbrötchen für Hamburger jeder Art.

10–15 STÜCK

20 g Hefe
1 EL Olivenöl
1 EL Honig
20 g Kartoffelfasern (z. B. Pofiber)
20 g Zuckerrübenfaser (z. B. Fibrex)
150 g Buchweizenmehl
100 g Maismehl
100 g Teffmehl
2½ TL Xanthan
Sesamsaat zum Bestreuen

Teige mit Xanthan müssen entweder in einer Küchenmaschine mit Schlagbesen hergestellt oder mit dem Handrührgerät verquirlt werden, sonst erhält man keine glatte, klumpfreie Masse. Die Hefe mit 500 ml handwarmem Wasser, Olivenöl und Honig anrühren. Alle trockenen Zutaten zügig mit dem Hefeansatz verquirlen, dann noch ca. 3 Minuten weiter zu einem glatten, klebrigen Teig rühren. Diesen 60–75 Minuten gehen lassen, bis sich sein Volumen um etwa 50 % vergrößert hat.

Den Teig in 10–15 Portionen teilen und mit angefeuchteten Händen ohne Kneten Brötchen daraus formen. Diese auf ein mit Backpapier versehenes Backblech legen und mit den Händen etwas flach drücken. Mit Sesamsaat bestreuen. Weitere 35 Minuten gehen lassen, bis sich das Volumen um etwa 30 % vergrößert hat.

Den Backofen auf 225 °C stellen. Die Buns auf der mittleren Schiene ca. 20 Minuten backen. Herausnehmen und auf einem Gitter ganz auskühlen lassen.

COLESLAW
EINGELEGTE ROTE ZWIEBELN
MAYONNAISE
KLASSISCHER HAMBURGER

ROTE-BETE-HAMBURGER

FISCHBURGER

KLASSISCHER HAMBURGER

Ein klassischer Burger aus nur einer Zutat: Bio-Rindfleisch. Stimmen Technik und Gewürze, wird dies der beste Hamburger, den Sie je gegessen haben – versprochen!

---

4 GROSSE ODER 8 KLEINE BURGER

700 g Rinderhack
Salz und frisch gemahlener Pfeffer
Butter und Olivenöl zum Braten

Zum Anrichten
Hamburger-Buns (s. Rezepte S. 86/87)
Beilagen nach Belieben (z. B. Käse, Tomatenscheiben, Zwiebeln, Mayonnaise, Salzgurken, Salat, Senf und Ketchup)
Coleslaw (s. Rezept S. 93)

Das Hackfleisch mit den Händen zu flachen Buletten formen, dabei fest zusammenpressen, damit sie gut zusammenhalten. Auf beiden Seiten reichlich salzen und pfeffern. Butter oder Olivenöl in einer Bratpfanne erhitzen und die Pattys bei starker Hitze von jeder Seite 2–4 Minuten braten, je nach gewünschtem Gargrad. In der Mitte dürfen sie gern etwas rosa bleiben.

Die Pattys in selbst gemachte Burger-Buns legen und zum Beispiel mit Käse, Tomatenscheiben, Zwiebeln, Mayonnaise, Salzgurken und Salat belegen. Mit Senf und eventuell Ketchup bestreichen. Dazu Coleslaw reichen.

EINGELEGTE ROTE ZWIEBELN

Eine Beilage, die man am besten immer im Haus hat: Sauer eingelegte Zwiebeln passen eigentlich immer. Sie sind milder und süßlicher als gewöhnliche rohe Zwiebeln.

6–8 PORTIONEN

3 große rote Zwiebeln
50 ml Apfelessig
40 g Rohrohrzucker

Die Zwiebeln abziehen und so dünn wie möglich schneiden, am besten mit einem Gemüsehobel. Essig, Zucker und 150 ml Wasser in einem Topf aufkochen. Den Topf vom Herd ziehen und die Zwiebeln so hineinlegen, dass der Essigsud sie vollständig bedeckt. Stehen lassen, bis alles abgekühlt ist. Falls die Zwiebeln nicht direkt serviert werden, zusammen mit dem Sud in Schraubgläser abfüllen. Im Kühlschrank halten sie sich ein paar Wochen.

FISCHBURGER

Rosa Pfeffer ist ein verkanntes Gewürz. Mit ihrem Aroma heben die roten Beeren Fischgerichte auf ein ganz neues Niveau. Fischfrikadellen sind wirklich sehr einfach selbst zu machen. Und gesund sind sie obendrein!

---

4 GROSSE ODER 8 KLEINE BURGER

500 g Lachsfilet
300 g Kabeljaufilet
2–3 Frühlingszwiebeln
abgeriebene Schale und Saft von 1 Bio-Limette
1 EL rosa Pfeffer, zerstoßen
1½–2 TL Salz
Butter oder Öl zum Braten

Zum Anrichten
Hamburger-Buns (s. Rezepte S. 86/87)
Beilagen nach Belieben (z. B. eingelegtes Gemüse, Zwiebeln, Mayonnaise)

Lachs- und Kabeljaufilet in Stücke schneiden. Die Frühlingszwiebeln in Ringe schneiden. Alle Zutaten in einem Zerkleinerer oder in einer Küchenmaschine mit Messereinsatz zu einer gleichmäßigen, nicht zu feinen Masse verarbeiten. Mit angefeuchteten Händen 4 große oder 8 kleine Frikadellen formen. Butter oder Öl in einer Pfanne erhitzen, die Fischfrikadellen darin bei mittlerer Hitze ca. 4 Minuten auf jeder Seite braten.

Die Frikadellen in selbst gemachte Burger-Buns legen und zum Beispiel mit eingelegtem Gemüse, Zwiebeln, Mayonnaise und Salatblättern anrichten.

EINGELEGTE KAROTTEN UND GURKEN

Besonders gut zu Fischfrikadellen!

6–8 PORTIONEN

1 Gurke
2 Karotten
100 ml Apfelessig
85 g Rohrohrzucker

Gurke und Karotten mit einem Hobel oder Sparschäler in lange Streifen schneiden. Den Essig mit Zucker und 300 ml Wasser in einem Topf aufkochen. Den Topf vom Herd ziehen, das Gemüse hineingeben und ganz mit dem Sud bedecken. Zum Abkühlen stehen lassen, dann mit dem Sud in ein Schraubglas umfüllen, falls das Gemüse nicht direkt serviert wird. Hält sich im Kühlschrank ein paar Wochen.

ROTE-BETE-BURGER

Ziegenkäse und Rote Bete bilden ein schönes Paar. Besonders in einem richtig pikanten vegetarischen Burger wie diesem.

6–8 BURGER

700 g Rote Bete, geschält und fein geraspelt (Einweghandschuhe!)
1 Zwiebel, fein gehackt
2 Knoblauchzehen, gepresst
200 g Ziegenkäse
1 Handvoll Rucola, grob gehackt
3–4 EL Buchweizenflocken
2 EL Olivenöl
2 Eier
Salz und frisch gemahlener Pfeffer
Butter oder Öl zum Braten

Zum Anrichten
Hamburger-Buns (s. Rezepte S. 86/87)
Beilagen nach Belieben (z. B. Tomatenscheiben, Avocado, Salatstreifen)

Rote Bete, Zwiebel und Knoblauch in einer Schüssel mischen. Den Ziegenkäse zerkrümeln und mit Rucola, Buchweizenflocken, Olivenöl und den Eiern dazugeben. Mit Salz und Pfeffer abschmecken, gut umrühren. Den Teig zu 6–8 flachen Buletten formen.

Butter oder Öl in einer Pfanne erhitzen und die Buletten darin von beiden Seiten einige Minuten braten, sodass sie gut angeröstet sind. Die Bratlinge in selbst gemachte Hamburger-Buns legen und zum Beispiel mit Tomatenscheiben, Avocado und Salatstreifen garnieren.

MAYONNAISE

Eigene Mayonnaise herzustellen ist so einfach, und sie schmeckt um so vieles besser als jede gekaufte. Außerdem wissen Sie genau, was drin ist im Glas.

CA. 250 ML

2 Eigelb
1 TL Dijon-Senf
1½ EL Apfelessig
Salz und frisch gemahlener Pfeffer
1 TL Honig
200 ml Öl

Eigelbe, Dijon-Senf, Apfelessig, Salz, Pfeffer und Honig in einem hohen Gefäß vermischen, am besten mit dem Stabmixer oder dem Schneebesen des Handrührgeräts. Das Öl in kleinen Portionen und unter fortgesetztem Schlagen hinzugeben, anfangs nur tropfenweise. Gegen Ende kann mit jeder Portion mehr Öl untergeschlagen werden. Auf diese Weise eine homogene Creme herstellen.

COLESLAW

Ein Krautsalat, der als Beilage zu vielen unterschiedlichen Speisen gereicht werden kann. Besonders gut aber passt er zu Burgern und Gegrilltem.

CA. 6 PORTIONEN

400 g Weißkohl, in feine Streifen geschnitten
200 g Karotten, grob geraspelt
100 ml selbst gemachte Mayonnaise (Rezept s. oben)
1½ EL Apfelessig
Salz und frisch gemahlener Pfeffer

Weißkohl und Karotten in einer großen Schale vermischen. Die übrigen Zutaten in einer kleineren Schale miteinander verrühren und dann unter den Kohl und die Karotten mengen.

PULLED BEEF

Dieses Fleisch wird so mürbe, dass es im Munde zergeht. Sie können es immer wieder anbieten, man kann nicht genug davon kriegen!

8–10 PORTIONEN

1 kg entbeinte Hochrippe vom Bio-Rind
1 große Zwiebel, in Ringe geschnitten
50 ml Olivenöl
50 g Tomatenmark
2 TL Chiliflocken
1 EL Honig oder Rohrohrzucker
½ EL Kreuzkümmel, gemahlen
Saft einer ½ Limette
2 TL Salz

Den Backofen auf 125 °C vorheizen. Das Fleisch in eine feuerfeste Form mit Deckel legen. Aus den übrigen Zutaten eine Marinade anrühren und um das Fleisch herum angießen. Die Form mit aufgelegtem Deckel für 5–6 Stunden in den Ofen stellen. Das Fleisch nach ein paar Stunden kontrollieren und mit dem Sud begießen.

Den Braten in den ersten Stunden eventuell einmal wenden. Das Fleisch ist fertig, wenn es sich mit zwei Gabeln leicht zerpflücken lässt. Das zerzupfte Fleisch mit dem Bratensud mischen und zum Beispiel als Taco-Füllung servieren.

TOMATENSALSA

Eine selbst gemachte Salsa können Sie auch im letzten Augenblick noch flink zusammenmischen!

CA. 500 ML

5–6 Tomaten, gehackt
½ rote Paprika, gehackt
1 Zwiebel, gehackt
8 g frisches Koriandergrün, grob gehackt
Saft von einer 1 Limette
¼–½ frische Jalapeño, falls etwas Schärfe gewünscht ist
1 TL Salz

Alle Zutaten in einer Schale mischen, nach Belieben mit mehr Limette, Chili oder Salz abschmecken.

QUESADILLA

Backen Sie mexikanische Quesadillas mit Ihrer Lieblingsfüllung und genießen Sie sie zum Brunch, zu Mittag oder als Häppchen vom Buffet. Die schwarzen Bohnen in dieser vegetarischen Variante können Sie gegen Pulled Beef oder angebratenes Hähnchenfleisch austauschen.

4–6 PORTIONEN

8–10 Tortillafladen, selbst gebacken (s. Rezept S. 109) oder aus dem Laden
250 ml Tomatensalsa (s. S. 96)
75 g Maiskörner
300 g gekochte schwarze Bohnen
1½ TL Kreuzkümmel, gemahlen
1 Prise Salz
150 g geriebener Käse
Öl oder Butter zum Braten

Servieren mit
Salat
Guacamole
Salsa

Tortillas nach Rezept herstellen oder die gekauften Fladen aus der Packung nehmen. Salsa mit Mais, Bohnen und Kreuzkümmel mischen, mit Salz abschmecken. Die Hälfte der Fladen mit Käse bestreuen, darauf die Bohnen-Mais-Mischung verteilen. Nochmals mit etwas Käse bestreuen und darauf einen zweiten Fladen legen, wie bei einem Sandwich.

Das Öl oder die Butter in einer Bratpfanne erhitzen und die Quesadillas darin bei mittlerer Hitze etwa 3 Minuten auf jeder Seite backen, bis der Käse schmilzt und die Fladen etwas Farbe annehmen. Die Quesadillas wie eine Torte in Stücke teilen und sofort servieren, am besten mit Salat, Guacamole und Salsa.

GLUTENFREIES BIER In den meisten Biersorten finden sich Spuren von Gluten. Ein Gutteil von ihnen enthält so wenig Gluten, dass der Grenzwert nicht überschritten wird und das Bier als glutenfrei bezeichnet werden darf, in den meisten Fällen also unbedenklich ist. Leidet man allerdings unter Zöliakie, muss man es genauer wissen und sorgfältig darauf achten, welche Biersorte man wählt. Die schwedische Behörde für Lebensmittelfragen (Livsmedelsverket) hat eine große Anzahl von Bieren untersucht [Anm. d. Übers.: Aufgrund der hohen Prävalenz ist die Aufmerksamkeit für Zöliakie in Schweden groß]. Dem Bericht, den man auf ihrer Website abrufen kann, lassen sich Informationen zum Glutengehalt verschiedener internationaler Biere entnehmen. Alle, die ganz sicher gehen wollen, müssen sich für die absolut glutenfreien Biere entscheiden, die nicht aus Gerste, sondern zum Beispiel aus Reis, Hirse oder Durra gebraut sind.

RAWFOOD-TACO

Echt veganes »Hack« mit Gewürzen für den ultimativen Taco-Geschmack! Als Tacos dienen hier große Salatblätter.

4 PORTIONEN

250 g Walnüsse (oder Wal- und Paranüsse gemischt)
2 TL Koriandergrün
3 EL Tamari
2 TL Kreuzkümmel, gemahlen
3 cm rote Chili, gehackt
8 sonnengetrocknete Tomaten, grob zerteilt
2 TL Oregano, gerebelt
2 TL Paprikapulver
2 Knoblauchzehen
Salz

Zum Servieren
große Salatblätter
Salsa
Guacamole
rohe Gemüse nach Wahl, klein geschnitten

Alle Zutaten in einem Zerkleinerer oder in einer Küchenmaschine mit Messereinsatz zu einer groben Masse verarbeiten. Mit Salz abschmecken und bei Bedarf mehr Tamari zugeben. Die Nussmasse in große Salatblätter löffeln und mit Salsa, Guacamole und anderem rohen Gemüse servieren.

TORTILLACHIPS

Knusprige Tortillachips sind bei einer Taco-Party ebenso willkommen wie zum Wochenausklang am Freitagabend.

6 PORTIONEN

1 Rezept softe Maistortillas (s. Rezept S. 104)
1 l Pflanzenöl
Salz

Die soften Maisfladen nach Rezept vorbereiten.

Das Öl in einer Pfanne mit hohem Rand erhitzen. Die Tortillas in kleine Dreiecke schneiden, in das heiße Öl gleiten lassen und für einige Minuten frittieren. Auf einem Teller mit Küchenpapier das Fett abtropfen lassen und die Chips salzen.

GUACAMOLE

Hier kommt die beste Version der klassischen Avocadocreme: mit frischem Limettensaft und gehacktem Koriandergrün!

CA. 300 ML

2 große, reife Avocados, entkernt und geschält
2 EL rote Zwiebel, gehackt
Saft einer ½ Limette
1 EL Koriandergrün, gehackt
1 Knoblauchzehe, gepresst
½ TL Salz

Alle Zutaten in einer Schüssel mit einer Gabel zerdrücken und sorgfältig zu einem Mus vermischen. Einige kleinere Stückchen stören in einer Guacamole nicht. Abschmecken und bei Bedarf mit Limette und Salz nachwürzen.

SOFTE MAISTORTILLAS

Machen Sie Eindruck mit selbst gemachten Maistortillas und verarbeiten Sie nixtamalisiertes Maismehl (s. S. 12) – so, wie es in Mexiko üblich ist. Es lässt sich nicht durch gewöhnliches Maismehl ersetzen, ist aber zum Beispiel unter dem Namen Maseca im gut sortierten Lebensmittelhandel, in Spezial- und Onlineshops auch bei uns erhältlich. Eine Tortillapresse wäre bei diesem Rezept sehr hilfreich, aber ein gewöhnliches Nudelholz eignet sich auch.

10–12 STÜCK

285 g nixtamalisiertes Maismehl
½ TL Salz

Mehl und Salz mit 300 ml handwarmem Wasser mit den Händen in einer großen Schüssel vermischen. Der Teig soll gut zusammenhalten, wenn man eine Handvoll davon zusammendrückt, aber nicht klebrig sein. Falls er sich zu trocken anfühlt, teelöffelweise etwas Wasser zugeben. Ist der Teig zu feucht, trennt er sich später beim Ausrollen schlecht von der Klarsichtfolie. Ist er zu trocken, kann er beim Ausbacken am Rand reißen.

Den Teig 10 Minuten unter einem feuchten Tuch ruhen lassen. Ein Teigbällchen von 30–40 g zwischen zwei Lagen Frischhaltefolie mithilfe einer Tortillapresse oder mit dem Nudelholz zu sehr dünnen Fladen formen. Die Folie abziehen und die fertigen Tortillas mit einem feuchten Tuch bedeckt beiseitestellen. So weiter verfahren, bis der gesamte Teig verbraucht ist.

Die Tortillas in einer trockenen, heißen Pfanne auf höchster Stufe von beiden Seiten ca. 45 Sekunden backen. Der Teig soll sich dabei aufblähen und Luftblasen zeigen. Die Tortilla gegebenenfalls noch einmal wenden und weiter backen. Falls es auch dann nicht gelingt, ist der Fladen eventuell zu dick und Sie müssen die nächsten Tortillas dünner ausrollen.

FISCH-TACOS

Einfach unglaublich frisch und lecker!

---

4 PORTIONEN

700 g Weißfischfilet (z. B. Schellfisch)
1½ TL geräuchertes Paprikapulver
1 TL Chiliflocken
Salz
Olivenöl zum Braten
nach Belieben Limettensaft zum Beträufeln

Zum Servieren
softe Maistortillas (s. Rezept S. 104)
Salatblätter
eingelegte rote Zwiebeln (s. Rezept S. 90)
Gurke, klein gewürfelt
Tomaten, in Würfel oder Scheiben geschnitten
Guacamole
saure Sahne

Olivenöl in einer Bratpfanne erhitzen. Die Fischfilets auf beiden Seiten gut mit Paprikapulver, Chiliflocken und Salz würzen und 2–3 Minuten bei mittlerer Hitze von beiden Seiten auf den Punkt braten. Nach Belieben mit Limettensaft beträufeln.

Den Fisch in Maistortillas servieren. Die Tacos mit Salatblättern, eingelegten roten Zwiebeln, Gurke, Tomaten und Guacamole garnieren. Jeweils einen Klecks saure Sahne hineingeben.

TORTILLAS

Auch diese selbst gebackenen Fladen mit einem Anteil Reismehl können sich sehen lassen – nicht nur in Begleitung mexikanischer Gerichte, sondern auch als eleganter Wrap um jede erdenkliche Kombination aus Leckereien.

CA. 20 STÜCK

100 g Reismehl
100 g Maismehl
25 g Flohsamenschalenpulver (a. Psylliumsamenschalenpulver, z. B. FiberHusk)
½ TL Salz
90–120 g Maismehl zum Ausrollen

Alle Zutaten in einer Schüssel abwiegen und vermischen. 400 ml Wasser zugeben und alles schnell zu einem glatten Teig verrühren. Den Teig mindestens 15 Minuten ruhen lassen.

Den Teig in 12 Portionen teilen und auf einer mit reichlich Maismehl bestreuten Arbeitsfläche dünn (ca. 1,5 mm) ausrollen. Die Teigoberfläche bei Bedarf ebenfalls mit Maismehl bestreuen.

Jeden Fladen in einer trockenen, heißen Pfanne bei mittlerer bis starker Hitze ca. 2 Minuten von jeder Seite backen. Auf einen Teller legen.

Die Tortillas sollten noch am selben Tag gegessen oder eingefroren werden. Vor dem Servieren schnell aufwärmen (für wenige Minuten im 250 °C heißen Backofen).

»Es stehen so viele fantastische glutenfreie Mehle zur Auswahl.«

PUMPKIN PIE

Mit diesem Kürbiskuchen zum Abschluss wird Ihre Dinnerparty auf jeden Fall von sich reden machen! Den Pie-Boden aus diesem Rezept können Sie für jede beliebige Füllung verwenden, am besten für vollmundige Dessert-Pies.

6–8 PORTIONEN

Boden
90 g Durramehl
50 g Maismehl
40 g Mandelmehl (Mandeln, blanchiert und fein gemahlen)
50 g Rohrohr- oder Kokoszucker
1 Prise Salz
10 g Xanthan
100 g Butter
1 Ei

Füllung
600 g Kürbis
125 ml Kokosmilch
2 Eier
geriebene Muskatnuss nach Geschmack
1½ TL Zimt
½ TL Salz
125 ml Ahornsirup oder Agavendicksaft

Zum Garnieren
evtl. Zimt oder Puderzucker

Für den Pie-Boden das Mehl mit den übrigen trockenen Zutaten in einer Schüssel mischen. Die Butter in Flocken darauf verteilen. Mit den Händen oder in der Küchenmaschine zu einer krümeligen Masse verarbeiten. Ei und 2 EL Wasser hinzufügen und zügig zu einem elastischen Teig kneten. Den Teig ausrollen und eine Springform (24 cm Durchmesser) damit auslegen oder alternativ den Teig mit den Händen in die Form drücken, dabei jeweils einen Rand formen. Den Boden mit einer Gabel mehrmals einstechen. 30 Minuten im Kühlschrank ruhen lassen.

In der Zwischenzeit für die Füllung den Kürbis schälen, entkernen und in 2 cm große Würfel schneiden. Diese in einem Topf mit wenig Wasser bei mittlerer Hitze ca. 15 Minuten kochen bzw. bis der Kürbis gar ist. Den Topfinhalt in einen Durchschlag abgießen und die Kürbisstücke darin abkühlen lassen.

Den Backofen auf 200 °C vorheizen. Den Pie-Boden auf der mittleren Schiene 15 Minuten vorbacken. Den Ofen auf 175 °C zurückschalten.

Inzwischen die restlichen Zutaten für die Füllung mit dem Kürbis in eine Schüssel geben und alles mit dem Stabmixer zu einem glatten Teig verarbeiten.

Die Kürbismasse auf den vorgebackenen Pie-Boden füllen, glatt streichen und 35–40 Minuten backen bzw. bis die Füllung gerade eben gestockt ist. Abkühlen lassen, dann den Pie aus der Form nehmen. Nach Wunsch mit Zimt oder Puderzucker dekorieren und gekühlt servieren.

LAVAKÜCHLEIN

Das Schokoküchlein mit dem flüssigen Kern ist das perfekte Finale für Ihr Abendessen und wird auch Ihre Gäste beeindrucken. Servieren Sie es mit einer Kugel Eis, kalt gerührten Himbeeren oder ganz schlicht zu einem Glas Portwein.

---

6 PORTIONEN

150 g Zartbitterschokolade (80 %)
150 g Butter
50 g Rohrohrzucker
3 Eigelb
3 Eier
3 EL Maisstärke
1 EL Kakao
Butter und Kakaopulver für die Förmchen

Zum Garnieren
evtl. Kakaopulver

Die Schokolade auf dem Wasserbad oder in der Mikrowelle schmelzen. Etwas abkühlen lassen. Butter und Zucker mit dem Handrührgerät schaumig schlagen. Ein Eigelb darunterschlagen, dann nacheinander die übrigen Eigelbe und Eier. Wichtig: Die Masse nach jedem Ei(gelb) kräftig durchschlagen. Nun unter fortgesetztem Schlagen die geschmolzene Schokolade einlaufen lassen, dann Maisstärke und Kakao darübersieben und einarbeiten. Dieser Teig kann bei Bedarf am Vortag zubereitet und über Nacht im Kühlschrank aufbewahrt werden.

Den Teig Zimmertemperatur annehmen lassen und aufrühren, falls er kalt gestanden hat. 6 kleine feuerfeste Portionsförmchen großzügig buttern und mit Kakaopulver bestäuben. Zusätzlich die Böden mit passend zugeschnittenem Backpapier auslegen. Den Teig auf die Förmchen verteilen. Bis zu diesem Punkt am Tag der Einladung vorbereiten.

Vor dem Servieren: Den Backofen auf 200 °C vorheizen. Die Förmchen auf einem Rost auf die unterste Schiene im Ofen schieben und etwa 8–10 Minuten backen, bis die Küchlein am Rand durchgebacken, in der Mitte aber noch flüssig sind. Die Backzeit variiert je nach Größe und Durchmesser der verwendeten Formen. Die Küchlein herausnehmen und eins nach dem anderen am Rand lösen, auf einen Teller stürzen und servieren. Eventuell mit Kakao bestäuben.

TARTE AU CITRON

Schön wie die Sonne! Mit ihrem säuerlich-frischen Geschmack wird diese Zitronentarte Ihren Gästen garantiert in Erinnerung bleiben. Der helle, knusprig-spröde Boden passt zu den meisten süßen Tartefüllungen.

6–8 PORTIONEN

Boden
150 g Reismehl
25 g Maismehl
50 g Maisstärke
3 TL Xanthan
½ TL Backpulver
20 g Rohrohr- oder Kokoszucker
125 g Butter
2 Eigelb

Füllung
5 Eier
175 ml Agavendicksaft
abgeriebene Schale von 4 Bio-Zitronen
150 ml Zitronensaft, frisch gepresst
125 ml Kokoscreme oder Sahne

Zum Garnieren
Puderzucker

In einer Schüssel die Mehlsorten mit den übrigen trockenen Zutaten mischen. Die Butter in Flocken darauf verteilen. Mit den Händen oder in der Küchenmaschine alles zu einer krümeligen Masse verarbeiten. Eigelbe und etwa 1–3 EL Wasser untermengen, das Ganze zügig zu einem Teig verkneten. Zwischen zwei Bögen Backpapier ausrollen. Den Teig in eine Tarteform heben, in die Form einpassen und dabei einen Rand hochziehen. Mehrmals mit einer Gabel einstechen. 30 Minuten im Kühlschrank ruhen lassen.

Den Backofen auf 200 °C vorheizen. Den Tarteboden auf der mittleren Schiene des Ofens 15 Minuten vorbacken.

In der Zwischenzeit für die Füllung die Zutaten vorsichtig zusammen aufschlagen: Die Kokoscreme darf nicht klumpen, gleichzeitig darf nicht zu viel Luft in die Masse eingearbeitet werden. Falls sich Schaum auf der Oberfläche bildet, empfiehlt es sich, diesen vor dem Füllen des Bodens abzuschöpfen. Es hat sich bewährt, die Füllung zunächst in eine Kanne umzugießen, den vorgebackenen Tarteboden in seiner Form auf die unterste Schiene zu schieben und so direkt aus der Kanne zu befüllen.

Die Tarte bei 160 °C etwa 25–30 Minuten backen (je nach Durchmesser der Form). Die Füllung soll stocken, aber nicht bräunen. Ganz auskühlen lassen und kalt servieren. Etwas Puderzucker darübersieben. Diese Tarte lässt sich prima vorbereiten und bis zum Servieren im Kühlschrank aufbewahren.

APFELKUCHEN MIT AHORNSIRUP UND KARDAMOM

Ein Gedicht! Vermutlich der beste Apfelkuchen, den es gibt. Alle, die ihn probieren, werden Sie nach dem Rezept fragen. Doch lassen Sie sich warnen: Zum Dessert reicht ein sehr kleines Stück. Aber auch für die Kaffeepause ist dieser Kuchen ein schöner Luxus.

CA. 12 PORTIONEN

30 g Butter + Butter für die Form
3 Äpfel, geschält und gewürfelt
70 g heller Muscovadozucker (a. Mascobadozucker)
200 g Mandelmehl (Mandeln, blanchiert und fein gemahlen)
200 g ganze Mandeln
2 TL gemahlener Kardamom
2 TL Backpulver
4 Eier
150 ml Ahornsirup

Belag
50 g Butter
2½ EL Rohrohrzucker
2 Äpfel, in dünne Scheiben geschnitten
50 g Mandeln, grob gehackt

Eine Springform von 26 cm Durchmesser einfetten.

Die Butter in einer Pfanne schmelzen. Apfelwürfel und Zucker hinzufügen. Unter Rühren 5–10 Minuten köcheln lassen, bis die Äpfel weich sind und Farbe annehmen. Die Pfanne vom Herd nehmen und abkühlen lassen. Die Mandeln, ganze und gemahlene, mit Kardamom und Backpulver im Zerkleinerer oder in einer Küchenmaschine mit Messereinsatz mischen und dabei grob zerkleinern. Beiseitestellen. Die Eier mit dem Ahornsirup schaumig aufschlagen. Die Mandelmischung und die gegarten Äpfel unter den Eischaum heben. In die Springform füllen.

Den Backofen auf 180 °C vorheizen. Für den Belag die Butter zerlassen. Den Rohrzucker einrühren und schmelzen lassen. Die Apfelscheiben hineingeben und darin wenden, auf dem Kuchen verteilen. Die gehackten Mandeln über den Kuchen streuen. Den Kuchen auf der mittleren Schiene des Ofens 60–75 Minuten backen. Herausnehmen und abkühlen lassen.

BEEREN-PIE

Ein Stück Pie zum Dessert oder zum Nachmittagskaffee schmeckt zu jeder Jahreszeit, eine Füllung aus den Früchten der Saison passt immer. Dieser Teig lässt sich gut ausrollen und formen. Sie können ihn für alle Ihre Lieblings-Pies verwenden, selbst für die gedeckte amerikanische Variante.

4–6 PORTIONEN

100 g Reismehl
55 g Maismehl
50 g Mandelmehl (Mandeln, blanchiert und fein gemahlen)
60 g Kartoffelmehl
50 g Rohrohr- oder Kokoszucker
1 Prise Salz
2 TL Xanthan
5 g feines Flohsamenschalenpulver (a. Psylliumsamenschalenpulver, z. B. FiberHusk)
125 g Butter
1 Ei

Füllung
700 ml Beerenobst der Saison
85 g Rohrohrzucker
2 EL Kartoffelmehl

In einer Schüssel die Mehlsorten mit den übrigen trockenen Zutaten mischen. Die Butter in Flocken darauf verteilen. Mit den Händen oder in der Küchenmaschine zu einer krümeligen Masse verarbeiten. Das Ei und 4–5 EL Wasser untermengen, das Ganze zügig zu einem Teig verkneten.

Zwischen zwei Bögen Backpapier ⅔ des Teigs ausrollen, in eine Pieform von 20 cm Durchmesser heben oder auf 4 kleinere Pieformen verteilen, einen Rand hochziehen. Den Boden mit einer Gabel mehrmals einstechen. 30 Minuten kalt stellen. Den restlichen Teig ebenfalls kalt stellen.

Den Backofen auf 200 °C vorheizen. Den Pie-Boden auf der mittleren Schiene des Ofens 15 Minuten (bzw. kürzer, je nach Form) vorbacken. Herausnehmen, den Ofen eingeschaltet lassen.

Für die Füllung Beeren, Zucker und Kartoffelmehl mischen und auf den vorgebackenen Boden geben. Den restlichen Teig ausrollen, in Streifen schneiden und auf dem Pie in ein dekoratives Webmuster legen. Auf der mittleren Schiene des Ofens 20–25 Minuten backen.

PFANNKUCHEN MIT SAHNE UND BEEREN

Wenn Sie diese hauchfeinen Pfannkuchen mit Schlagsahne servieren, machen Sie sich bei Groß und Klein beliebt.

20–25 PFANNKUCHEN

4 Eier
1 EL flüssiger Honig
600 ml Milch oder Pflanzenmilch
150 g Mandelmehl (Mandeln, blanchiert und fein gemahlen)
140 g Reismehl
70 g Maisstärke
2 EL Rohrohr- oder Kokoszucker
1 TL Salz
Fett zum Ausbacken (z. B. Ghee oder Kokosöl)

Zum Servieren
Beerenobst nach Belieben
Ahornsirup
Sahne

Die Eier mit Honig und Milch aufschlagen. Mandelmehl, Reismehl, Maisstärke, Zucker und Salz einrühren. Fett in einer Pfanne erhitzen und den Teig bei mittlerer Hitze zu Pfannkuchen ausbacken:

Jeweils 4–5 EL Teig in die Mitte der Pfanne geben und durch eine Kreisbewegung der schräg gehaltenen Pfanne gleichmäßig auf dem ganzen Pfannenboden verteilen. In ca. 2 Minuten auf einer Seite hellbraun werden lassen. Wenden, sobald die Oberfläche angezogen hat, und die andere Seite backen.

Mit Beeren, Ahornsirup und geschlagener Sahne servieren.

FRANZÖSISCHE SCHOKOLADENTORTE

Eine ganz klassische Torte mit massenhaft Schokolade, die jeden Feinschmecker jubeln lässt. Für den perfekten Abschluss.

10–12 PORTIONEN

175 g Butter
275 g Zartbitterschokolade (70 %)
120 g Reismehl
5 Eier
125 g Rohrohr- oder Kokoszucker
1 Prise bis ¼ TL Vanillepulver
1 Prise Salz
Butter und Reismehl oder Kakaopulver für die Form

Zum Garnieren
Kakaopulver

Den Backofen auf 175 °C vorheizen. Butter und Schokolade auf einem Wasserbad oder in der Mikrowelle schmelzen und glatt rühren. Etwas abkühlen lassen. Das Reismehl sieben. Eier mit Zucker, Vanillepulver und Salz vermischen. Nun zunächst nach und nach die Schokobutter hineinrühren, dann das gesiebte Reismehl.

Eine Springform von 24 cm Durchmesser einfetten und mit Reismehl oder Kakaopulver ausstreuen. Den Teig einfüllen. Die Schokoladentorte auf der mittleren Schiene des Ofens 20–25 Minuten backen. Gegen Ende häufiger kontrollieren: Der Kuchen soll stabil sein, wenn man vorsichtig an der Form rüttelt, in der Mitte aber noch weich. Abkühlen lassen und etwas Kakao darübersieben.

DESDE

REZEPTVERZEICHNIS